主　编◎王　理　宋丙涛
副主编◎张国骁　刘　琼

把论文写在中原大地上的经济学家

2022年耿明斋教授经济思想研讨会纪事

AN ECONOMIST WHO WROTE HIS PAPERS ON THE CENTRAL PLAINS

2022 Symposium on Professor Geng Mingzhai's Economic Thought

中国经济出版社
CHINA ECONOMIC PUBLISHING HOUSE
·北京·

图书在版编目（CIP）数据

把论文写在中原大地上的经济学家：2022年耿明斋教授经济思想研讨会纪事 / 王理，宋丙涛主编．-- 北京：中国经济出版社，2023.8

ISBN 978-7-5136-7435-5

Ⅰ.①把… Ⅱ.①王… ②宋… Ⅲ.①耿明斋-经济思想-研究 Ⅳ.①F092.7

中国国家版本馆 CIP 数据核字（2023）第 165382 号

责任编辑　贺　静
责任印制　马小宾
封面设计　任燕飞

出版发行　中国经济出版社
印 刷 者　北京科信印刷有限公司
经 销 者　各地新华书店
开　　本　787mm×1092mm　1/16
印　　张　16
字　　数　270千字
版　　次　2023年8月第1版
印　　次　2023年8月第1次
定　　价　99.00元
广告经营许可证　京西工商广字第8179号

中国经济出版社　**网址** www.economyph.com　**社址** 北京市东城区安定门外大街58号　**邮编** 100011
本版图书如存在印装质量问题，请与本社销售中心联系调换（联系电话：010-57512564）

谨以此书

献给河南大学110周年华诞暨

耿明斋教授学术生涯40周年

感谢

河南大学经济学院及中原发展研究院

河南中原经济发展研究院

河南中原发展研究基金会

对相关活动及本书的编撰出版给予的支持

编委会

主　编：王　理　宋丙涛

副主编：张国骁　刘　琼

作者全阵容（按照文章顺序排序）

宋丙涛　王宇燕　卢克平　田歧立　王　理　李庚香
王　群　王永苏　程传兴　徐诺金　郭　军　孙德中
刘荣增　于金富　李燕燕　王海杰　王献立　习　柬
陈广西　赵继增　秦卫东　付文阁　赵　晔　郭兴方
周　晔　宋　良　宋　伟　张　纪　耿明斋　王　红
张振立

目　录

第一篇　瞬间纪实

第二篇　真知灼见

第四篇 明斋观察

序

2022年是河南大学建校110周年，河南大学经济学科也走过了95年的发展历程，同时，这也是新冠疫情肆虐的一年。在这个重要的时间节点，河南大学经济学院冒着风险、顶着压力举办了两场学术活动以为纪念。一个是在未来全球经济发展的中心地带——深圳，举办了一场以“RCEP与‘一带一路’对中国的影响”为主题的面向未来的高端论坛，论坛邀请了来自美国、中国香港、新加坡等地的一流学者与国内顶尖贸易专家共同探讨，探索新形势下全球经济发展的未来机遇与实现路径；另一个就是在河南大学郑州校区举办了“耿明斋教授经济思想研讨会”，会议邀请河南大学经济学科的校友们总结回顾改革开放以来河南大学经济学科在发展经济学领域所做的贡献，认真总结以耿明斋教授为学术带头人的河南大学经济学人围绕欠发达农区发展、市场经济改革与企业制度转型等领域的探索。而这本小册子就是这次研讨会的一个书面总结，也是河南大学经济学科三十多年来发展过程参与者的一些回顾梳理。

耿明斋教授既是以河南为中心的中原经济区的经济改革与发展进程的参与者，也是以河南大学经济学院为核心的中原经济学派的带头人。作为经济发展与体制改革的积极参与者，耿明斋教授不仅在改革开放初期就积极从事学术研究，并代表中原经济学界参加了具有标志性意义的莫干山会议，而且耿明斋教授还积极组织经济学人参与河南省的国有企业改革与资本市场创建，同时也密切关注河南经济的现实进程，为河南省政府的重大经济决策提供咨询服务，在许多产业与区划决策方面起到了重要的影响作用，耿明斋教授的这些“非学术”活动同样是他经济思想的体现，也是经济发展理论的创新尝试。作为中原经济学派的学科带头人，耿明斋教授在其主政河南大学经济学院与中原发展研究院期间，一方面积极引进具有学术情怀的真学者，构建具有学术氛围的学术平台；另一方面也敏锐地意识到，以博士点为标志的学科建设是学术发展的重要支撑，也是学术大家成长的条件，因此他带领同仁以最快的速度建立健全了河南省的经济学博士培养体系，使得河南大学经济学科较早地成为拥有理论经济学、应用经济学与统计学三个一级学科博士点的地方性综合大学，为河南省的经济学发展、中原经济学派的诞生奠定了坚实的基础。正是基于耿明斋教授在这两个方面的巨大贡献，我们看到出席这次研讨会的各位嘉宾既有现实经济参与者的政府领导、企业家，也有学界的教授学者，大家的发言既有对耿明斋教授在学术研究方面的认可与肯定，也有对其在实践方面、领导方面的赞许与称颂。尽管作为一次当面的发言，不少嘉宾难免将几十年来受耿明斋教授影响、教诲的情感诉诸赞语，但大多数嘉宾的发言是切合实际的，将这样的口头发言与会议报告结集成册是有一定的学术意义与思想史价值的。

当然，本书集结成文的毕竟是一次研讨会的发言稿，从纯学术的角度来看，尤其是按照思想史的标准来看，这样的不严谨发言与没有经过推敲的会议报告并不像期刊或专著那般严谨，因此作为一本思想史著作，这本小册子是有一些瑕疵的。不过，对于一些经济学的初学者或学生，尤其是对中国的发展经济学的发展或学术发展史、学术机构发展史感兴趣的读者，本书或许也能从一个不同的角度提供一些启发和素材，从这个角度来看，本书应该也是有一定的学术价值的。当然，对发展经济学、区域经济学的中国化和本土化感兴趣的学者同样可以从本书的字里行间或发言中看出中原学者的贡献，甚至能得到一些关于经济发展路径或决定因素的启发。因此，从这个角度看，本书也是值得一读的。

作为这次研讨会的组织者之一，写这一段文字是为了对这次活动的初衷作一个说明。是为序。

宋丙涛

2023年6月25日

第一篇

瞬间纪实

耿明斋教授近照

2022年“耿明斋教授经济思想研讨会”参会人员合影

《做一个有社会责任感的经济学人——耿明斋教授经济思想述评》
于2022年7月出版

耿明斋教授
主要学术成果展示

耿明斋教授与河南大学党委书记卢克平教授

郑州电子信息职业技术学院党委书记李庆春教授来到研讨会会场

郑州电子信息职业技术学院党委书记李庆春教授在研讨会签到墙签名

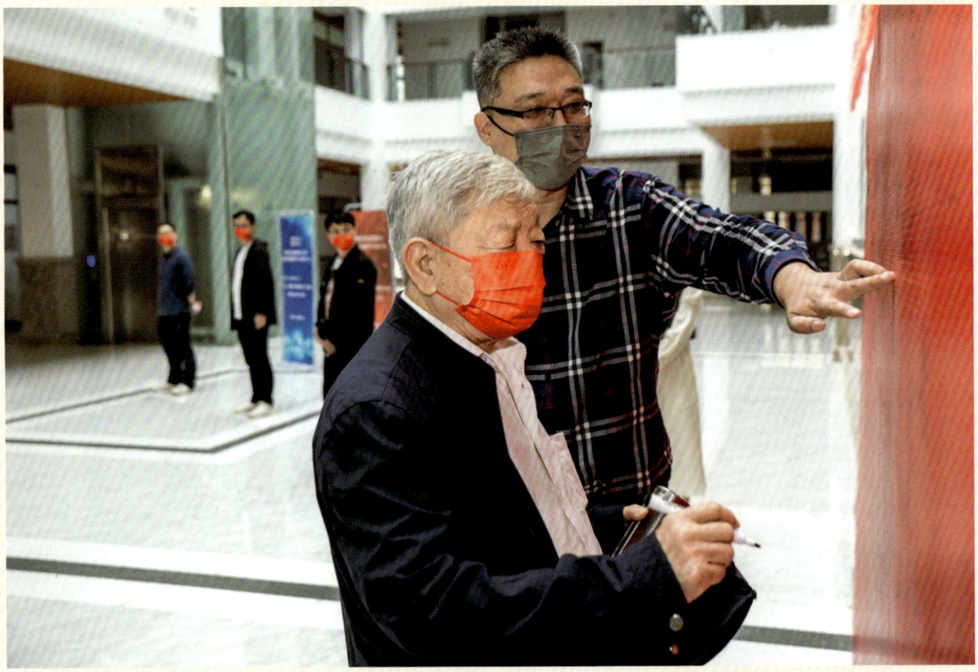

河南大学经济学院特聘教授赵学增先生在研讨会签到墙签名

河南省社科院原副书记周立研究员在研讨会签到墙签名

河南大学党委书记卢克平教授作会议致辞

时任河南大学经济学院院长宋丙涛教授作会议演讲

时任河南大学经济学院党委书记田歧立教授主持研讨会

1992级硕士、2004级博士王理作《做一个有社会责任感的经济学人——耿明斋教授经济思想述评》新书发布演讲

河南省社科联党组书记、主席李庚香博士作会议演讲

河南省委原副秘书长、省直工委原书记王群博士作会议演讲

河南省人民政府发展研究中心原主任、河南省委咨询组
秘书长王永苏先生作会议演讲

河南农业大学原党委书记程传兴教授作会议演讲

中原银行董事长徐诺金先生作会议演讲

河南经济学会副会长兼秘书长郭军教授作会议演讲

河南日报报业集团总编辑孙德中博士作会议演讲

河南财经政法大学副校长刘荣增教授作会议演讲

辽宁大学于金富教授作会议演讲

《郑州大学学报》主编李燕燕教授作会议演讲

郑州大学商学院执行院长王海杰教授作会议演讲

1994级硕士、中国农业大学MBA教育中心主任付文阁教授作会议演讲

开封市委二级巡视员、顺河区委原书记陈广西先生介绍艺术珍品

河南大学经济学院特聘教授赵学增先生在研讨会会场

河南省公共资源交易中心主任刘琦先生在研讨会会场

河南省人大财经委副主任、一级巡视员张玉民先生在研讨会会场

河南广播电视台总编辑方启雄先生在研讨会会场

中原银行专家咨询委员会副主任范大路先生在研讨会会场

河南大学图书馆馆长李恒教授在研讨会会场

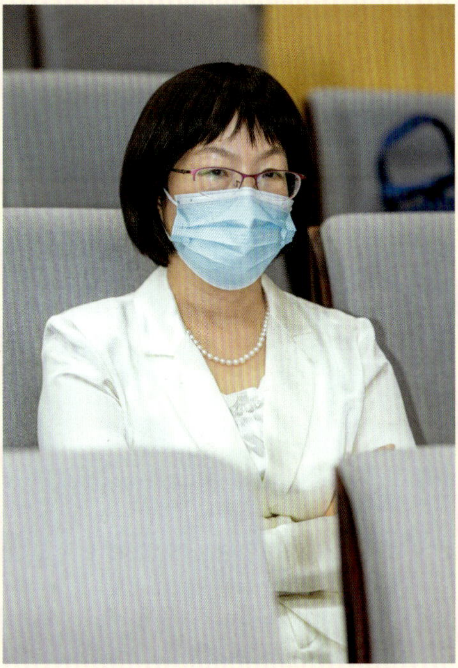

河南广播电视台高级编辑王红女士
在研讨会会场

1995级硕士柳艳舟在研讨会会场

1995级硕士许多在研讨会会场

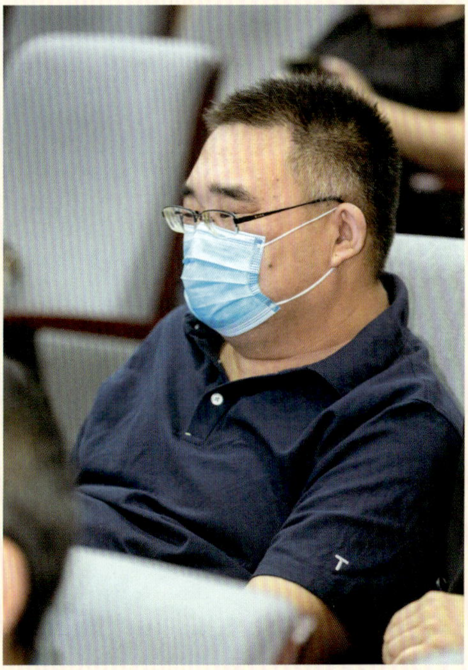

2003级硕士、2011级博士刘涛
在研讨会会场

2004级硕士李济生在研讨会会场

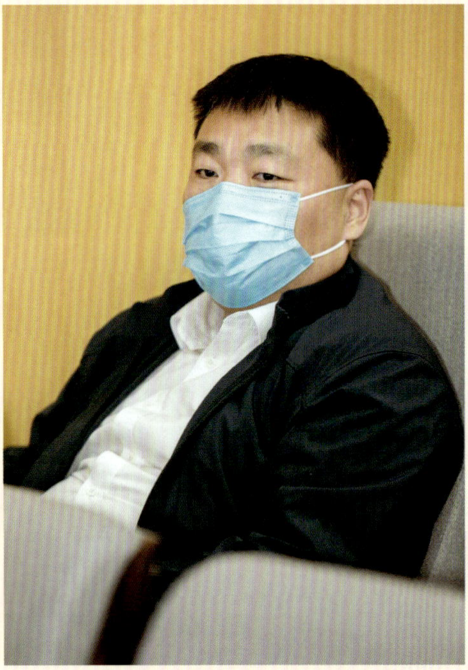

2004级硕士刘志伟在研讨会会场

2006级硕士、2009级博士张建秋
在研讨会会场

2007级硕士秦
洁在研讨会会场

专家学者、校友茶话交流会议现场

1992级硕士、2004级博士王理主持专家学者、校友茶话交流会议

时任河南大学经济学院院长宋丙涛教授在茶话交流会上发言

郑州商品交易所原总裁、理事长王献立先生在茶话交流会上发言

中州大学原党委书记习柬教授在茶话交流会上发言

时任河南大学经济学院副院长郑祖玄博士在茶话交流会上发言

1990级硕士、中原证券副总裁赵继增在茶话交流会上发言

1992级硕士屈桂林在茶话交流会上发言

1993级硕士秦卫东在茶话交流会上发言

1994级硕士、2013级博士赵晔在茶话交流会上发言

1996级硕士郭兴方在茶话交流会上发言

1997级硕士董栓成在茶话交流会上发言

1997级硕士刘继广在茶话交流会上发言

1997级硕士段玉强在茶话交流会上发言

1998级硕士周晔在茶话交流会上发言

2001级硕士曲三省在茶话交流会上发言

2001级硕士蔡胜勋在茶话交流会上发言

2002级硕士宋良在茶话交流会上发言

2002级硕士陈家涛在茶话交流会上发言

2003级硕士张立恒在茶话交流会上发言

2004级硕士孟骞在茶话交流会上发言

2006级博士宋伟在茶话交流会上发言

2009级博士后徐全红在茶话交流会上发言

2009级博士王保海在茶话交流会上发言

2009级硕士梁前广在茶话交流会上发言

2010级博士刘岱宁在茶话交流会上发言

2012级博士后张纪在茶话交流会上发言

2012级博士韩良良在茶话交流会上发言

2012级博士耿博在茶话交流会上发言

2012级硕士、2015级博士张国骁在茶话交流会上发言

2012级硕士张超在茶话交流会上发言

2013级硕士、2016级博士刘琼在茶话交流会上发言

2013级硕士、2017级博士李少楠在茶话交流会上发言

2013级硕士张玉杰在茶话交流会上发言

2014级博士邵阳子在茶话交流会上发言

2015级硕士赵贺朵在茶话交流会上发言

2015级硕士姜良良在茶话交流会上发言

2015级硕士、2018级博士生柴森在茶话交流会上发言

2015级硕士赵岩在茶话交流会上发言

2016级博士后娄春杰在茶话交流会上发言

2016级硕士曹昱在茶话交流会上发言

2016级硕士原嘉昊在茶话交流会上发言

2017级博士后杜红普在茶话交流会上发言

2017级博士苗硕在茶话交流会上发言

2017级硕士李甜在茶话交流会上发言

2017级硕士陈明明在茶话交流会上发言

2020级博士后谢伟丽在茶话交流会上发言

2020级硕士沈君玲在茶话交流会上发言

2020级硕士韩瑞川在茶话交流会上发言

2020级硕士赵洋洋在茶话交流会上发言

2021级博士后茹雪在茶话交流会上发言

2021级硕士生郭艳茹在茶话交流会上发言

2021级硕士生王超在茶话交流会上发言

2021级硕士生靖镠用在茶话交流会上发言

耿明斋教授的粉丝王者在茶话交流会上发言

耿明斋教授在茶话交流会上倾听学生发言

学生们拥簇耿明斋教授在新书上签名留念

辛苦的会议工作人员耿静

参加研讨会人员在自觉排队用餐

第二篇

真知灼见

第一章　贺信与致辞

致河南大学经济学院耿明斋教授经济思想研讨会的贺信

王宇燕[①]

河南大学经济学院、河南大学中原发展研究院：

邀请函收悉，作为一名河大学子，恰逢母校和学院盛会，倍感喜悦。但身在齐鲁，因公务不能到现场参加，十分遗憾，特复信致以热烈祝贺和诚挚祝福！

阔别母校十余载，最是难忘学子生涯，校风之熏陶、师长之关爱、同窗之襄助，点滴真情，历历在目。遥望百十芳华，学院在母校的怀抱下，始终秉承“崇德尚能、经世济民”的院训，在人才培养、科学研究、社会服务等方面取得了显著成绩。而所谓大学者，非谓有大楼之谓也，有大师之谓也，耿明斋教授作为经济学领域的著名专家，致力于经济学的基础研究和应用研究，取得了一系列丰硕成果，培养了一批又一批人才，为区域经济社会发展做出了积极贡献。

春华秋实百十载，继往开来新时代。相信母校在习近平新时代中国特色社会主义思想的科学指引下，按照“中国特色、世界一流、中原风格”的发展道路，一定能越办越好，一定能在建设世界一流大学的征程上不断取得新成果。

---

① 王宇燕，耿明斋教授指导的2006级博士，现任山东省委常委、组织部部长。

最后，祝耿明斋教授经济思想研讨会取得圆满成功！

2022 年 9 月 24 日

向“把论文写在祖国大地上”的经济学家致敬

卢克平[①]

尊敬的耿明斋老师，各位老领导、老朋友，同志们、老师们、同学们，大家上午好！

在喜迎河南大学110周年华诞之际，恰逢耿明斋教授70周岁生日。

今天，我们欢聚一堂，隆重举办区域经济高质量发展论坛，分享前沿学术成果，深入研讨耿明斋教授的卓越学术贡献。在此，我代表河南大学，向参加论坛的各位领导、各位来宾，表示热烈的欢迎和衷心的感谢！

河南大学是一所办学历史悠久、文化底蕴深厚的百年老校。建校110年来，一代代河大人秉承“明德新民、止于至善”的校训，以教育致国家于富强、以科学开发民智、努力办好人民满意的大学为目标，源源不断地培养了一大批优秀人才。2017年9月，学校成功跻身“双一流”建设高校行列；2021年9月，学校又迎来了“双航母”战略的重大发展机遇。全校上下倍感振奋，正朝着“建设世界一流大学、实现百年名校振兴”的宏伟目标奋勇前进。

河南大学经济学科已有95年的悠久办学历史，凝练了“崇德尚能、经世济民”的院训，成为经济学院近百年来蓬勃发展的生动写照。众所周知，学术不能仅写在书斋上，而是要写在祖国大地上，主动融入经济社会发展，积极服务国计民生。以耿明斋教授为代表的一大批河大的经济学者，正是怀着这样的

① 卢克平，博士，教授，博士生导师，现任河南大学党委书记。

信念与责任，扎根中原大地，聚焦中原崛起和新时代中原更加出彩，在区域经济高质量发展研究领域深耕细作、成果丰硕。中原经济发展研究成为河南大学经济学院的独特优势和“亮丽名片”，也筑就了河南大学人文社会科学研究的一座高峰。

耿明斋教授于1978年考入河南大学，1985年毕业留校工作，在河南大学求学任教四十多年。他师从周守正先生，长期致力于经济学基础研究和应用研究，首先提出了“郑汴一体化”和“建设中原城市群核心区”的战略思想，深度参与了“郑州航空港经济综合实验区”等一系列河南省重大战略研究，多次受邀参加河南省委省政府专题议事会。2016年，耿明斋教授倡导发起的“两宋论坛”，得到河南、浙江两省的响应，也得到开封、杭州两市领导的高度评价与大力支持，在两省和两市的经济文化交流、共同发展与合作共赢方面取得了很好的效果。耿明斋教授长期担任经济学院院长、中原发展研究院院长，在任院长期间成功实现了河南大学经济学两个一级学科博士点授权的突破，将中原发展研究院打造成国内影响力较大的高端智库，为河南大学经济学科乃至河南省经济学科的发展做出了突出贡献。

本次论坛旨在向耿明斋教授致敬，向经济学各位专家致敬，专家们将更加坚定地投身中原经济社会发展研究和现代化河南建设，真正做到“把论文写在祖国大地上”。真诚地希望河南大学经济学科在耿明斋教授的带领下，不断实现新的跨越式发展。

我相信，通过与会领导和专家的共同努力，本次论坛一定能取得圆满成功，为区域经济高质量发展贡献更多智慧和力量！

最后，祝耿明斋老师生日快乐，祝各位领导、各位专家身体健康，工作顺利！

河南大学经济学科的传承与发展

宋丙涛[①]

各位领导、各位校友，大家上午好！

首先，我代表河南大学经济学院对各位专家、各位校友参加今天的论坛，对母校校庆活动的支持表示感谢！

一、河南大学经济学科的发展阶段

2022年是学校的110周年校庆之年，经济学科已建立95周年。自1927年建立经济系，河南大学经济学科发展经历了以下四个阶段：

第一个阶段是民国时期，即1927—1949年，有国际化的起端，也有本土化的方向，涌现出系主任罗章龙和优秀学生邓云特。罗章龙先生的著作《中国国民经济史》，至今仍然是美国著名大学的研究生教材。邓云特先生的《中国救荒史》，是一部经济史，特别是灾荒史研究的第一个理论文献。河南大学经济学科在那个时候已经奠定了很好的基础。

第二个阶段是新中国成立前后，周守正先生来到河南大学，学院由于马克思主义经济学、政治经济学，特别是《资本论》研究，均走在国内研究前沿，

---

① 宋丙涛，经济学博士，教授，博士生导师，时任河南大学经济学院院长，现任河南大学乡村振兴研究院院长。

成为国内少数重镇之一。涌现出像许老师、赵老师、耿老师这样一批在中国政治经济学界具有重大影响力的学者。他们为河南大学经济学奠定了深厚的理论功底和学科基础。

第三个阶段是以耿明斋教授为代表的时期。耿老师从1993年就介入了经济改革开放的前沿，其中包括河南省资本市场的改革、区域经济发展，当然也包括后来一直参与的社会转型、制度变迁、文明文化的交流和思考。耿老师一直根植河南省乃至中国的经济社会发展，不断调整学术研究方向和研究成果。在这个阶段，河南大学的经济学科跻身国内经济学的第一方阵。

第四个阶段是2010年前后，在耿老师本土化问题导向的基础上，经济学院重新重视早期的国际化背景。今天的河南大学经济学科，既有问题导向的本土化方向，也有国际化的规范研究方法作指引。经过这十几年的发展，包括学院的海外专家在内，我们关注的是中国问题，我们研究的是中国国际化的问题，研究中国的宏观政策，把中国的政策推向全世界，我们也为河南省乃至中国的经济发展做出了自己的贡献。

当然，所有成绩的获得都是在座各位领导、专家、校友共同努力和支持的结果。在校庆之际、在经济学科建立95周年之际，再次感谢各位专家、学者、校友对经济学院的支持！

谢谢大家！

二、整理、传播耿明斋教授经济思想的新起点

我现在谈一下如何整理、传播耿明斋教授经济思想的问题。我现在招录的博士生就是经济思想史专业的，所以《做一个有社会责任感的经济学人——耿明斋教授经济思想述评》的书名很好，引出了经济思想。

但整理和传播耿明斋教授经济思想后面还有很多工作要做，而且必须做。从专业角度讲，我举一个非常成功的例子，那就是无人能比的《论语》。《论语》不是孔子写的，是孔子的学生写的，这一点与我们今天发布的新书相类似。但作为经济思想史专业的教授，拿我们的新书去跟《论语》比，就不可比。

今天的会议时间是一整天，特别是上午，大会上很多学者都是大家，学生

说老师的好没啥意思，别人说好才是真的好！实际上在国内不同场合，其他学校的教授对耿老师是非常认可的。所以说今天这个活动只是一个起点，耿老师的经济思想研究这本书仅仅是一个起点。

我跟耿老师沟通过，想成立一个耿老师的经济思想研究基金会。今天上午大家讲了很多耿老师在经济学上的贡献，这本书也讲了很多，我在书中还写了一篇小文章，其实真的没有好好写。一是因为现在我手头上的工作确实太多，二是作为经济思想史的学者或者教授，如果真的要好好写一篇文章，写出来最少是几万字，不可能只是几千字。

我下一步的想法是对耿老师经济思想进行总结，这应该是百年工程，同时这项工作也是对经济学的贡献。从河南大学的学术氛围讲，河南大学做的是百年工程，从来不是为了评职称。我们这本书的书名中有“社会责任感”几个字，实际上这是对于整个人类来讲的，绝对不仅仅是对于中国来说的。我那篇文章的题目中有“从中原到中国”，关于这一点我是清楚的。不说经济学，就是放到发展经济学这个小领域，耿老师的经济思想也是独树一帜的。在发展经济学界大概有三派，美国派是假派，他们发表的文章很多，实际上干不成，属于指手画脚那一派。南美派是完全失败的，因为他们干也干不成，写也写不成，只是个跟风派。东亚派的主要代表是日本和韩国，他们的学者其实做得很好，干得也很好，文章也写得很好；但不客气地讲，他们的胆子很小，所以东亚派在全世界的影响力不大。耿老师很谦虚，说句实话，不光是耿老师，大部分的中国学者都比较谦虚，河南的学者更谦虚，老觉得穷乡僻壤出来的学者能是世界一流的吗？我认为，河南大学经济学院的目标是世界一流，经济学院从哪里来？从学者来，没有一流的学者是不可能有一流的经济学院的。根据我做思想史研究的判断，下一步，耿老师的这些思想非常值得我们去总结、整理和传播。刚才赵继增师兄提得很对，将来我们要做计划，理论化和系统化地去做，耿老师思想有那么多宝贵成果，我们要把它放到一个逻辑结构里去。这样做出来后就相当于可以直接指导实践，这就是发展经济学，发展经济学就是理论和实践这两个方面，耿老师思想都具备。耿明斋教授经济思想研究基金会如果成立，通过这个平台，我作为经济思想史学者，可以组织团队，去指导怎么做这个事情，它是有规律的。

此外，我现在还在带一部分留学生，他们大多来自欠发达国家，我是有意专门带非洲学生的。他们不会说汉语，虽然学了汉语后可以交流，但学术论文都是用英文完成的。他们上课学的都是西方经济学，光学西方经济学还不是太全面。如果他们把耿老师的理论学会了，回到非洲绝对有用，就是这么简单！所以做这件事情，也不完全是为了河南大学经济学院，要想把河南大学经济学院一流学科做实，就需要把它有组织、有计划地推出去。实际上，这个东西已经有了，怎么样把它推到一定高度，是我们将来要做的，既要有中文成果，也希望有英文成果。耿老师研究的这些东西，之前全世界都没有，或者说就我读过的文献中是没有的，特别是在发展经济学这个领域。所以我想把它作为一个新的起点，同时也是按照耿老师的要求，通过这个基金会，把后面的经济思想研究系统化。作为耿老师的学生，每次聚会都要有学术内涵，每每在耿老师经济思想的总结上或者梳理上取得阶段性成就，就可以聚一次，搞一次活动，这既是师生聚会，也是学术盛会！

谢谢大家！

笃行校训、坚持传统、不懈追求

——耿明斋教授经济思想研讨会致辞

田歧立[①]

尊敬的各位领导、各位来宾，各位校友、老师们、同学们，大家上午好！

金秋时节、硕果飘香、喜事连连，在党的二十大即将胜利召开之际，我们迎来了母校河南大学建校110周年庆典。110年来，母校根植中原大地，在厚重的中原文化熏陶下茁壮成长；110年来，母校笃行“明德新民、止于至善”的校训，始终以民族振兴、启迪民智为崇高理想和不懈追求；110年来，母校培育出60多万优秀学子，他们奋斗在祖国的各行各业，为振兴中原、振兴中华做出了重要贡献。

2022年，河南大学经济学科已创建95周年。95年来，河南大学经济学科坚持“崇德尚能、经世济民”的优良传统，从小到大，从弱到强，已成为拥有3个一级学科博士点、3个博士后科研流动站、3个国家一流本科专业，本硕博办学体系完整的研究型学院，培养了一大批优秀经济学人才，为国家和地区经济社会发展贡献了智慧和力量。

2022年还是河南大学经济学院耿明斋教授70华诞。耿教授是著名的经济学家，他的学术成果扎根祖国大地，既有理论深度又极具应用价值。耿教授热心社会服务，担当社会责任，为河南省多项重大经济战略决策贡献了学术

① 田歧立，时任河南大学经济学院党委书记，现任河南大学党委巡察工作办公室主任。

智慧。

各位领导、老师、校友，很荣幸能邀请大家参加今天的盛会，现在，我隆重地向大家介绍今天到会的各位嘉宾，他们分别是：

河南大学党委书记卢克平同志；

河南省社科联党组书记、主席李庚香同志；

中原银行党委书记、董事长徐诺金同志；

河南省委原副秘书长、省直工委原书记王群同志；

河南广播电视台总编辑方启雄同志；

河南省人民政府发展研究中心原主任、河南省委咨询组秘书长王永苏同志；

河南农业大学原党委书记程传兴同志；

河南省人大财经委副主任、一级巡视员张玉民同志；

河南省公共资源交易中心主任刘琦同志；

河南日报报业集团党委委员、副总编辑孙德中同志；

中原银行专家咨询委员会副主任范大路同志；

河南财经政法大学副校长刘荣增同志；

郑州电子信息职业技术学院党委书记李庆春同志；

郑州电子商务职业学院党委书记王友成同志；

中州大学原党委书记习柬同志；

郑州商品交易所原总裁、理事长王献立同志；

河南省社科院原副书记周立同志；

开封市委二级巡视员、顺河区委原书记陈广西同志；

河南大学党委常委、宣传部部长王明钦同志；

河南大学赵学增教授；

辽宁大学于金富教授；

郑州大学李燕燕教授；

中国农业大学付文阁教授；

首都经贸大学周晔教授；

优秀校友代表、浙江环宇建设集团董事长宋良同志。

莅临会议的还有省内外兄弟高校的同仁以及部分优秀校友，恕不一一介绍。在这里，我们对各位领导、嘉宾和校友的到来表示最热烈的欢迎！

此外，河南大学优秀校友、山东省委常委、组织部部长王宇燕同志也为研讨会的召开专门发来贺信。

各位领导、老师、校友，很荣幸能邀请到大家参加今天的盛会，让我们共同交流区域经济高质量发展的最新理论成果和思想，共同探讨耿明斋教授的学术贡献！

感恩母校，感谢师者

王　理[①]

作为河南大学经济学院的校友，今天我很荣幸参加这个重要活动。现在我向各位领导、各位老师、各位同学汇报一下《做一个有社会责任感的经济学人——耿明斋教授经济思想述评》的写作经过。

这本书的出版主要有两个目的：首先是庆祝母校建校 110 周年，其次 2022 年刚好是经济学院耿明斋教授从教、从研 40 周年，也是他 70 周岁的重要日子，以上是编写本书的目的。

这本书主要记述了耿明斋教授经济思想的发展历程，共收录了 76 篇文章，合计将近 49 万字。主要内容分为四个部分：第一部分是核心部分，经济思想篇；第二部分是良师益友篇；第三部分是教育教学篇；第四部分是耿明斋教授的主要学术成果。

这本书的写作和出版过程大体可以分为三个阶段：

第一阶段：一年前我的在读硕士博士师弟、师妹们经过商量后跟我联系，说为了纪念母校 110 周年校庆和耿明斋教授 70 周岁生日，大家想发起一个有意义的活动。接到这个电话之后，我就立即起草了一份向同门约稿的邀请函。经过大家的努力，共计有 69 位同学自发撰写的稿件构成了这本书的基本内容。

第二阶段：经过思考，我们邀请了耿老师的师长辈的赵学增教授，又邀请

① 王理，耿明斋教授指导的 2004 级博士研究生，曾任广东金融学院经济贸易学院副院长，现任广东金融学院欠发达地区经济发展研究中心主任。

了曾经与耿老师在经济学院共同锐意进取的李庆春书记，以及陈怀儒老师、赵新顺老师提笔撰写文稿。让我们感动的是，有些老师即使离开了河南大学经济学院，仍然慷慨贡献自己的宝贵思想，为这本书的写作和出版工作添砖加瓦。

第三阶段：2022 年 2 月，宋丙涛院长又亲自邀请耿老师的硕士研究生同窗好友蔡继明教授撰写了这本书的序。让我们感动的是，卢克平书记和孙新雷教授也为本书贡献了文稿。就这样，这本书的内容在老师们的帮助下得到了提高与升华。

现在《做一个有社会责任感的经济学人——耿明斋教授经济思想述评》这本新书就摆放在大家面前，这是集体智慧的结晶。在此，我不再对全书的作者一一表示感谢了。

我们认为这个活动极有意义，因为师者，传道、授业、解惑也！母校是每个同学的精神家园，老师是每个同学的思想启迪者！

恭祝耿明斋教授身体健康，生活幸福！

祝福河南大学经济学院更上一层楼！

祝愿河南大学继往开来，永远辉煌！

第二章 专家解读

对河南现代化经济体系空间布局的思考

——基于中原文化、中原文明的视角

李庚香[1]

尊敬的耿明斋教授，老师们、同学们，非常高兴受邀参加今天的耿明斋教授经济思想研讨会。

刚才，卢克平书记发表了热情洋溢的致辞，会议又发布了《做一个有社会责任感的经济学人——耿明斋教授经济思想述评》一书，所以今天对于大家、对于耿教授来说，都是一个非常重要的日子。耿明斋教授是我们非常尊重的一位河南省社会科学家和经济学家，他的研究既有理论深度，又具有实践指导价值，在河南区域经济发展研究方面具有很强的学术创新力、实践贡献力和全国影响力。

十年磨一剑，我在社科联搞了一个中原学。中原学现在已经上升为省哲学社会科学“十四五”规划，宣传部的300个新文化工程项目资助了10个中原学选题。因为中原学里有一个领域是中原经济学，所以就出现了一个非常重要的群体叫中原经济学家群，耿明斋教授在这个群体中就是独树一帜的人物。

一、问题的提出

在万年文化史和五千多年文明史里，中原文化、黄河文化、炎黄文化走出

① 李庚香，法学博士，现任河南省社科联党组书记、主席。

了一条既波澜壮阔又一波三折的发展历程。波澜壮阔是指习近平总书记跟我们讲的伸手一摸就是春秋文化，双脚一踩就是秦砖汉瓦。伸手一摸就是春秋文化是指我们的礼乐文明形态，秦砖汉瓦是指我们的礼法文明形态。

我们在五千多年文明史中经历了转折、转移、转型。转折是指我们从礼乐文明转成了秦汉以来的礼法文明；转移指的就是耿明斋教授提出的“两宋论坛”，即两宋时期发生的文化南转北移过程；转型指的就是近代的这个过程。

我们知道，2022 年 10 月 16 日就要召开党的二十大，党的二十大报告里有一个非常重要的提法就是“两个全面”——“全面建成社会主义现代化强国”和“全面推进中华民族伟大复兴”。过去我们叫全面建成小康社会，因为是第一个目标，但现在是面向未来 30 年，要实现第二个百年奋斗目标，所以才提出全面建设社会主义现代化国家。对于河南来说，我们必须建设现代化河南。

在现代化河南谋篇布局中，我们认为有两个关键点需要把握：一是怎样建设河南的现代化经济体系。河南现代化经济体系问题当时在河南省党代会上也有所体现，后来又写进河南省政府工作报告。但我们对现代化经济体系没有进行系统布局，主要是围绕着产业体系进行的布局。因此，如何围绕“6 + 1”这样一种现代化经济体系对河南的经济形态进行系统化构建，可能是一个关键点。二是如何使河南的新型城镇化布局、区域发展布局更加优化和科学，如何坚持按照非均衡发展—全局较均衡—局部不均衡发展—协调发展的路径往前走，实现区域经济高质量发展，这又是一个关键点。基于此，我从中原文化、中原文明的角度提出一些自己的思考。

二、郑州国家中心城市构建中的“三进”

自 2016 年郑州市获批成为国家中心城市以来，郑州的发展迈入了“新车道”。省党代会把原来的“1 + 4”变成了现在的“1 + 8”，耿明斋教授提出的“郑汴一体化”发展也被包括进去。但郑州国家中心城市构建中的一些关键点、关键的棋子怎样布局，我们认为要做到“三进”，即“东进、西进和北进”。

东进是指把兰考建设成为现代化新城，这样在郑州和开封之间就有了一个支柱和过渡发展带。

西进是指把巩义建设成为现代化新城。众所周知，黄河流域生态保护和高质量发展战略被提出之后，我国正在酝酿“郑洛西”高质量发展合作带，而巩义的发展优势非常重要。我前几天在巩义参加了以“黄河文明与中国道路”为主题的黄河论坛，因为巩义是河图和洛书的交会处，可以在那里寻找我们河南、黄河文化地标的承载地和落脚点。自新中国成立以来，巩义已经向全国贡献了常香玉、谢瑞阶和陈天然三位顶级艺术家，多年入选全国百强县，这个支撑点对郑州国家中心城市构建的作用很大。

北进就是要让黄河成为郑州大都市圈的内河。这一观点是我在习近平总书记还没来河南时的2019年省政协全会上提出的，应该说契合了习近平生态文明思想和郑州大都市区建设的实际需要。李克强同志在2003年任河南省委书记的时候就提出了郑州市东扩北移、跨河发展的空间格局，所以我觉得应该以平原示范区为桥头堡推动郑州都市圈往北发展。

这样，北有平原示范区，东有兰考，西有巩义，我们郑州大都市区的建设就有了坚实的支撑点。我们相信往北走，黄河北岸必将会给中原崛起带来丰厚的回报，省会郑州跨河发展的梦想也会成为现实。

三、重视河南省新型城镇化格局的“三阳开泰”

我在政协常委会上多次提到全省新型城镇化格局中要做到“三阳开泰”的观点，现在洛阳和南阳已经成为河南省的两个副中心城市，但信阳的发展应该受到更大关注。习近平总书记在河南的讲话中提到了“四着力、四张牌、三结合、三起来，还有两个更好”。“两个更好”就是要求我们要把革命老区建设得更好、要让老区人民过上更好的生活。信阳不但有丰厚的“红绿”资源，还有一个更有利的条件就是与长江经济带联系紧密，河南发展要向长三角靠近，信阳是绕不开的一环。所以从落实“两个更好”的意义上讲，我们建议要重视信阳在河南省新型城镇化格局的作用，达到“三阳开泰”的效果。

四、关注河南省新型城镇化格局的“周商驻”板块

我在调研中发现，一个新的经济板块正在崛起，就是周口、商丘和驻马店

三个地区。正如习近平总书记讲过的“伸手一摸就是春秋文化、双脚一踩就是秦砖汉瓦”一样，春秋战国时中原大地上诞生了三种文化形态：第一种是郑卫文化，就是孔子说的郑卫之音；第二种是宋陈文化；第三种是陈蔡文化。而周口、商丘、驻马店这三个地区就是宋陈文化和陈蔡文化的中心地带。

周口现在的定位是临港新城、道德名城，要朝着建设国家区域中心港口城市的方向迈进，枢纽经济是它的一个发展方向，还有一个发展方向就是要弘扬“一个老祖先”“一本经”“一碗汤”的文化。“老祖先”就是伏羲，“一本经”就是《道德经》，“一碗汤”就是胡辣汤。

关于商丘，习近平总书记对省委常委、宣传部部长王战营讲，殷商文化起源于商丘、兴盛于安阳。所以如何把“周商驻”这个新的板块规划开发起来，在现代化河南建设的大布局里推动驻马店与商丘、周口联动发展，使其建设成为继“郑汴洛”之后又一个新的城市集群，可以说有巨大的空间。

进入新时代，一场经济发展空间的优化变革正在深入推进，中国区域经济大格局正在重塑，各地都面临着新的发展形势和竞争态势。我今天讲的郑州国家中心城市构建中的“三进”、河南省新型城镇化格局的“三阳开泰”和“周商驻”板块都还是一些创意或者设想，也不一定成熟，但我相信随着时间的推移，这些观点会慢慢地进入决策并影响社会，希望大家批评指正。

最后，祝耿明斋教授生日快乐！

祝我们的论坛圆满成功！

祝我们耿明斋教授开创的中原经济学能够持续推进！

谢谢大家！

经济学理论的探寻感悟

——读《做一个有社会责任感的经济学人

——耿明斋教授经济思想述评》有感

王　群①

尊敬的耿明斋教授，尊敬的各位老师、领导和校友，大家好！

首先向我的母校河南大学 110 周年校庆表示热烈祝贺！

向耿明斋教授经济思想研讨会暨耿教授 70 寿辰表示衷心祝贺！

我很高兴参加今天这个研讨会！昨晚我认真翻阅了《做一个有社会责任感的经济学人——耿明斋教授经济思想述评》这本书，休息得比较晚，今天早上慌慌张张穿件衬衣就来了，虽然早上天气冷，但今天是母校的校庆活动，又是经济学院的学术活动，还是耿老师的生日，所以我心里像有一团火，感觉热乎乎的，一点儿也不觉得凉。

此刻，我站在这里，不由想起在中国人民大学攻读博士学位时，中宣部、教育部和中国人民大学要为我的导师宋涛教授举行 80 寿辰的庆祝活动，宋老师坚决不同意，只同意举行一个宋涛经济思想理论研讨会。今天我们这个活动和当年宋老师的活动相似，一是研讨耿明斋教授在经济学理论方面的贡献，二是给耿教授祝贺生日，这不仅是他年龄的生日，也是他学术生涯的生日，我觉

① 王群，经济学博士，研究员，河南大学经济学院兼职博士生导师，曾任河南省委副秘书长、省直工委书记，十八大代表，现任河南老区建设促进会副会长、河南省环资法学会会长，河南省十二届人大常委、环资委主任。

得很有意义。我想借此机会简要谈两点在耿老师学术思想影响下我自己的思考和体会。

一、我的经济学理论探寻之路

1986—1989 年，我在河南大学经济研究所攻读硕士研究生学位，师从著名经济学家周守正教授。今天在座的很多人都是我当时的领导、老师和同学，在这个场合见到大家，我有一种特殊的情感，感到格外亲切。

在耿老师的推荐和辅导下，1999—2002 年，我考入中国人民大学经济学院攻读博士研究生学位，师从我国著名的经济学家、政治经济学奠基人宋涛教授。备考时，我听别人说宋老师要求很高，我可以试一试，不一定能考上。那一年全国共有 27 人报考，最后就考上我一个。宋老师治学严谨，对学生要求特别严格，当年受苦，却终身受益。

1989 年，在河大师从周守正教授读书时，我的硕士学位论文选择了生产力理论方向。我与耿老师和其他导师讨论过是选择乡镇企业这个当时的热门话题还是选择生产力理论，最终我认为生产力最重要。我的硕士学位论文《生产力论要》提出了不同于传统观点的生产力概念。我认为，生产力是人类认识自然、尊重自然、发现并运用自然规律，与自然进行信息和物质交换的能力。而我们教科书上所讲的生产力是人类征服自然、改造自然的能力。我提到，当我们沉浸在对自然征服的胜利喜悦中时，自然就开始对我们进行报复了。此外，受耿老师生产力的选择论和共同作用观点的影响和启发，我在论文中提出了生产力因素和要素的区分问题、因素和要素在生产力中的相互作用问题。这篇论文获得了省社会科学二等奖。后来我的外甥在山东大学读硕士研究生时查阅到了这篇论文，他说："舅舅，你行啊，早在 20 世纪 80 年代就提出了人与自然的和谐理论。"当然，这有点晚辈的溢美之味。

在人大读书时，我的博士学位论文题目是《论中部崛起与产业优化升级》，论文写作中我也得到了耿老师的帮助和指导，后来作为国家哲学社会科学基金的重点课题得到了资助并在中国经济出版社出版。论文中的中部崛起的观点后来被列入国家发展战略。

以上就是我简单的经济学理论探寻道路，后来虽然因为工作原因我离学术研究稍微远了些，但一直保留着独立思考的习惯。

二、两个经济学知识应用于实践的案例

我很认同耿老师所说的“做一个有社会责任感的经济学人”。我虽然无法专门从事学术活动，却一直坚持自觉把经济学的一些原理和知识运用到实际工作中。我给大家简要分享一下我的两个案例。

第一个案例是我把《资本论》中使用价值和价值的理论运用在干部考核和任用工作中。当时这种方法得到了省委组织部、省委主要领导和中组部的关注和肯定。所谓使用价值，就是商品满足人们需要的具体功能、功效，所谓价值，是凝结在商品中的一般社会劳动量。在我们的组织换届考核和干部提拔使用工作中，过去常用的办法是投票，以得票多少任用干部。关键时一两张票就决定了一个干部的去留进退。这种做法有时助长了不正之风。一到投票时，就有各种打电话、请客送礼、托人情，弄得很难堪。我经过反复调查研究，把具体的票视作“使用价值”，把凝结在具体票中大家的共同认知视作可衡量和比较的“价值”，类似于耿老师经常讲的经济学计量问题。

根据“使用价值”和“价值”中的换算，我和领导班子制定了干部任用中的“4411”百分考核方法。就是把具体的票折合成可计量、可比较的“价值”，即领导班子的票占40分，全体人员的票占40分，被考核人所在部室的票占10分，被考核人3年的绩效占10分。具体的票加权平均总分为100分。只要在考察中没有发现问题，就可以以票折合换算出来的分数任用干部。这样做既合理，又能把大家的积极性调动起来。这个百分考核方法的效果非常好。当时的省委领导给省直部门推荐了这一做法，他说：“你们到工委学学，他们用干部，用出了积极性，用出了团结，用出了正气。”

第二个案例是我把经济学的要素贡献原理运用在干部年度考核工作中。我的硕士学位论文研究了生产力因素和要素的问题，所以在单位干部年度考核工作中，我就一直在思考如何通过计量人力资源管理的各种要素，来对一个人的年度工作进行科学考评。当时我把被考核人每年的工作目标定为60分，把被考核人的创新贡献与从全局出发所提出的工作建议定为40分。最终评出的先进不是投票选举出来的，而是计算出来的。这也是耿老师经济思想中我认为很

重要的一个闪光点，那就是量化思想。比如，我国的公有制从理论上看是很好的，但是为什么在实际运行中会出现短缺问题？原因就是它不能准确地计算出每个经济个体的贡献是多少，最后就成了实践中的“大锅饭”。讲到公有制问题，我顺便把自己经常思考的一个问题提出来，那就是为什么我们本来的社会主义制度生产效率应该更高、物质财富应该更丰富，但是实践中却出现了公有制财富的短缺。能不能把我们的生产资料公有制为主体思路转变为社会财富公有为主体？如果不能创造出更多财富的话，生产资料也难以达到公有，即使达到生产资料公有也无多大意义，社会难以实现共同富裕，更难以实现公平。过去我们僵化地抱着生产资料的公有去搞“一大二公”，结果导致了生产者的积极性不高，生产出来的财富短缺。如果我们把这个思路变一下，不计较生产资料的公有，而是创造的社会财富公有，这样我们党和政府就可以凭借我们创造出来的和我们掌握支配的更多社会财富来实现社会公平，实现我们的中国梦，达到共同富裕。

从以上两个案例中我得到的实际工作中很深切的体会，就是一定要把经济学知识运用到我们的实践中。这也是耿老师一直倡导的做法，就像这本新书的书名中提到的：要做一个有社会责任感的经济学人。我们学到经济学知识后不是把它束之高阁，不是仅仅停留在书书写写、念念背背、讲讲说说的层面，而要把这些知识在实践中运用起来，更好地为我们的社会服务。

最后，再次热烈祝贺母校河南大学 110 周年校庆！

祝贺耿明斋教授 70 寿辰！

谢谢大家！

高质量发展需要理论创新

王永苏[①]

大家好！很高兴来参加这个会议，我很珍惜这个学习交流的机会。由于时间限制，我谈两个问题。

一、是金子总会发光

我是郑州大学经济系1982年的本科毕业生，是耿明斋教授的“帮边”学生。我在省委政研室工作时的同事到外省当了领导后，让我给他介绍一位河南最有水平的经济学老师给他讲经济学，我就推荐了耿老师。一年时间内，他每个月都从省外回河南听耿老师讲课，我一直陪听，所以说我是耿老师的“帮边”学生。

我给大家讲这些的目的是想说明高质量理论研究的重要性，有真本事的人都下过真功夫，下过真功夫才会有真本事，才会有机会！做理论研究的学者不要浮躁、不要急，你真下功夫了，还真是有机会！为什么这样讲？我就谈谈为什么省政府领导对耿老师如此看重。

2008年美国出现次贷危机（后来发展成国际金融危机）以后，我国沿海

① 王永苏，曾任河南省人民政府发展研究中心（河南省农村发展研究中心）主任、党委书记，现任河南省委咨询组秘书长。

地区经济受到的影响很大，几个月时间内倒闭了 5 万 ~6 万家企业，当地的民营企业家叫苦连天。恰逢 2008 年北京奥运会，百年奥运，媒体报道集中于北京奥运会。奥运会结束后，分管金融工作的副总理到沿海地区了解国际金融危机对中国经济到底有什么影响，返程时到河南来，了解国际金融危机对中部地区的影响。当时河南省委主要领导基于跨越发展、弯道超车的理念，认为河南的产业结构与沿海地区不同，金融危机对河南影响不大。副总理就提醒说国际金融危机对沿海地区影响很大，河南要注意这方面的情况。副总理走了以后，省领导就问发展改革委工作人员我们受影响的情况，得到的结论是危机对河南省发展速度影响不大，因为 9—10 月的数据还不错，可能只在效益方面有些影响。

隔了一段时间，大约在 11 月，温家宝总理来河南调研，听到影响不大的汇报后，讲国际金融危机对河南的影响来得晚、走得迟、影响深，一定要引起重视。省政府领导就要求政府研究室研究金融危机对河南的影响，当时的政府研究室主任是耿老师的学生，他说耿明斋老师有个研究报告就是分析金融危机对河南经济影响的，核心观点是我们的产业结构不同于沿海地区，能源原材料产业占比大，受金融危机的影响比较晚，但调整起来比沿海地区更困难，研究结论与总理的预想很接近。省政府领导非常重视这一研究成果，说这样的报告应该早点送给他。从此以后，只要这位领导开会，耿老师总是被安排在第一个发言，见了耿老师会客气地邀请他到办公室讨论。这位领导从来不题词，但专门给耿老师任院长的中原发展研究院题了“把中原发展研究院办成一流智库”，中原发展研究院成立时，他还亲自来揭牌。

这件事情说明耿老师不仅经济理论功底深厚，还很接地气，他的思想敏锐、质量高、针对性强。我很向往古人渔樵耕读的生活，退休以后准备种地、打鱼，一位省级领导同志对我说：“你退休以后不要光种地、打鱼，耿老师的调研你也可以参与。”随后我就参与了耿老师组织的调研活动，跟耿老师接触多了，更强烈地感受到他做学问的勤奋、深刻、严谨，做人的朴素、热情、宽厚。我们对很多问题的看法是一致的，所以就成了长期进行思想交流的朋友。从耿老师的经历和成就看，一个人只要下了真功夫，自己有真本事，总有展现的机会，“是金子总会发光”讲的就是这个道理。我认为正是因为耿老师在理论研究上确实下了苦功夫，确实能拿出有价值的研究成果，才能得到领导的青睐。

二、高质量发展亟待理论创新

高质量发展需要高素质的企业家队伍，而企业家理论创新的滞后，影响了企业家队伍的成长。因为经济发展在某种程度上体现为企业发展，而企业家又是企业成长的核心要素，所以企业家队伍是经济高质量发展的核心力量。

改革开放以后，我国民营经济迅速发展，很快就实现了“56789”。现在民营企业家队伍已经占整个企业家队伍的 90% 以上，所以民营经济上不去，整个经济的高质量发展便无从谈起。自 2015 年第四季度民间投资出现断崖式下跌到现在，民间投资一直恢复得不理想，虽然原因是多方面的，如世纪疫情，百年变局，俄乌冲突，贷款难、贷款贵，行政审批环节多、成本高等。近年来一再被强调的优化民营经济发展环境，为什么效果不理想？需要我们深入思考。我认为这在很大程度上与我们的民营企业家所处的舆论环境、理论环境有关，我们的政策是“两个毫不动摇”，鼓励、支持、引导民营经济发展。习近平总书记也讲了“两个健康”，就是民营经济健康发展、民营企业家健康成长。

我认为我们理论界在高质量发展这个问题上还是有事可做的，要敢于面对现实问题，解放思想、敢于创新，实现民营经济理论上的突破，使民营企业家真正放心、安心。

最后，祝河南大学越办越好！

祝河南大学经济学院更上一层楼！

祝在座的各位健康顺利！

祝耿老师永远高光！

谢谢大家！

用理论联系实际的学风研究县域经济发展

程传兴[①]

今天是个好日子，四喜临门：河南大学110周年校庆、经济学科建立95周年、耿明斋教授70华诞，还有一喜，就是耿老师从事经济研究40年！

40年前的现在，也就是1982年9月，耿明斋、王献立、蔡继明开始研读《资本论》，由周守正老师、侯恒老师和许兴亚老师讲授《资本论》，我和李庆贵当时刚留校当老师，系里安排我们跟着他们旁听课程。耿老师是研究生，我是进修生，我们几个一块儿跟着几位老师学习《资本论》。这是40年前的事情。

一、70年拼搏奋进、40载经世济民与“5个1”

关于耿明斋教授的学术贡献，我给他总结了3句话：70年拼搏奋进、40载经世济民、创造了“5个1”。

70年拼搏奋进，是指1952年出生的耿明斋教授积极进取、拼搏奋斗的成功人生经历！

40载经世济民，是指1978年考入河南大学、1982年攻读硕士研究生的耿

---

① 程传兴，曾任中共河南省委党校副校长，河南行政学院副院长、党委副书记，河南农业大学党委书记。

明斋教授从事经济学教学与科学研究辉煌的学术生涯！

“5个1”，是指耿明斋教授取得了一系列科研成果、提出了一系列好的政策建议、建成了一个高水平学科群、创立了一个金牌智库、培养了一大批栋梁之材！

第一个“1”是他取得的一系列科研成果。这中间围绕着《资本论》、社会主义基本经济制度等，耿老师提出了他自己的一系列新思考、新观点和新理论。

第二个“1”是他提出的一系列好的政策建议。在河南省，从省委省政府到各市县，包括一些企业的发展战略都采纳了耿老师的很多政策建议，真正把他的思想理论转化成为政策措施，推动了河南经济发展。

第三个“1”是他建成的一个高水平学科群。以前我在河南大学财金系担任系主任时，他在经济系任领导，当时在经济学科建设方面下的功夫很大。他担任经济学院院长以后，建成了3个一级学科，形成了一个高水平的经济学科群，这是耿明斋教授的重大贡献。我在河南农业大学担任书记期间，专门请他去给我们学校二级学院的院长、书记讲课，教大家怎么做好院长。事实上，只要把二级学院建好，大学的党委书记和校长就可以坐下来休息了；只要有好的二级学院院长，就一定能建成好的大学。

第四个“1”是他创立的一个金牌智库——中原发展研究院。这在全国影响力都是很大的，这又是耿明斋教授的一大贡献。

第五个“1”是他培养的一大批栋梁之材。他的学生中有一大批专家学者、官员和企业家。

所以，在讲耿明斋教授的学术贡献时，我给他总结了“70年”“40载”和“5个1”。

二、县域经济的高质量发展与“3个融合”

耿明斋教授治学的最大特点就是他始终坚持理论联系实际、关注现实问题的学风。他不是坐而论道，而是走着研究，特别关注现实问题。1992年我国开始搞股份制的时候，他就带着李建华和赵继增在新密搞股份制试验田，我去看他时，发现住宿、吃饭条件都很差。此外，他提出的“郑汴一体化”思想和许多区域经济发展战略都体现了他关注现实问题、理论联系实际的学风，这一点他确实做得很好。

这几年我也向他学习，在孙德中的带领下走了河南省的9个县，研究区域经济特别是县域经济发展与乡村振兴。根据调查研究结果，我认为县域经济要想实现高质量发展，需要做到以下“3个融合”。

第一个是产业融合。一个县主导产业的选择，要放在全国甚至全球产业分工体系中去考虑，不能关起门随便做。要依据县情，选择自己有优势的、能够做出特色的产业去发展。昨天我们与孙总去睢县考察一家企业，生产的是汽车锂电池需要的烘干机，只做这一种产品，是一种非常小的汽车配件。我问这位企业家他的产品在业界怎么样，他毫不客气地说自己的产品在世界上都是领先水平。另一家企业也只做华为和苹果手机的后壳，也是只做这一种手机配件。所以，一个县不能关起门来选择主导产业，应该把自己的产业选择融入更大的分工体系中，这样才能发展好。这是我讲的第一个融合。

第二个是产城融合。一个县如何通过招商引资成功引进产业并留住产业，县城很重要，我对这个体会很深。这个城市不仅要能让企业落户，还得让人落户，让人能够住下来，实现安居乐业。因为企业要在这里发展，人要来，所以城市的基础设施和产业生态很关键，城市必须要有吸引力，一定要发展好。刚才王永苏主任讲了民营企业家很稀缺的问题，我们在调研过程中发现，县域经济发展中最大的制约因素是人的稀缺，而不是钱的问题。稀缺的人包含三个层次，首先是缺少本地的企业家和管理者。其次是缺少科技人员。很多企业的研发团队在杭州和厦门，是不会随着产业引进长期在县里住下来的，他们到被引进县里的企业工作是按照出差模式运行的，所以说缺技术人员。最后是缺员工。原来河南省从沿海地区承接产业转移时，我们最大的优势是人口数量多，正享受着人口红利。现在我们在调研中发现好多地方招工难，好不容易把企业引进来了却缺工人，县乡干部都被摊派任务负责给企业招人，即使这样都很难招到人，人都哪去了？都去南方打工去了。为什么不在家门口打工？因为工资低。所以县里要发展好产业，关键是必须要有企业家、技术专家和员工这些人，要想让这些人住下来发展经济，必须要建好县城，让县城具有吸引力。我把产业和城市的互动叫作产城融合。

第三个是城乡融合。县域经济要想发展，仅仅把县城一小块儿地方整好还不够，还要考虑怎么样把大面积的乡村带好，实现以城带乡、以工带乡，把乡村产业发展起来，让农民能够富起来。县域经济的高质量发展，一定要体现出高效，体现出富民，实现城乡融合发展。

以上就是我一直在思考的县域经济高质量发展的“3 个融合”问题，由于水平有限，不当之处请大家批评指正。

借此机会向我的老兄弟耿明斋教授祝贺生日快乐！祝你永远健康，永远年轻！

谢谢！

基于河南普惠金融实践的银行业数字化转型

徐诺金[1]

尊敬的各位教授、各位同学：

大家上午好！

很荣幸能够有这个机会到河南大学参加耿明斋教授经济思想学术讨论会。

首先，我向耿明斋教授70岁生日表示祝贺！对他取得这么多的学术成就表示祝贺！也对河南大学110周年校庆表示祝贺！

今天在这个研讨会上，我很高兴与大家探讨银行业数字化转型的问题。

一、问题的提出

感谢河南大学经济学院院长宋丙涛教授刚才简单介绍了我的情况。实事求是地讲，虽然我工作的第一站是中国人民银行金融研究所，但我不像耿明斋教授一样40多年如一日地从事学术研究。

① 徐诺金，经济学博士，研究员，现任中原银行股份有限公司党委书记、董事长，河南大学经济学院客座教授及金融学专业博士生导师。早在中国改革开放初期，他就参与了金融发展与创新的理论与实践，长期在我国金融监管、商业银行等部门担任领导工作，来河南工作后，在中国人民银行和中原银行持续推进普惠金融与绿色金融，并一直支持河南大学经济学科的发展。此次研讨会举行了河南大学经济学院与中原银行的合作签字仪式，河南大学党委书记卢克平教授、中原银行董事长徐诺金以及经济学院领导在主席台上见证了签约过程。

在做过短时间的学术研究后，我先后到海南省、广东省、广西壮族自治区工作过。我跑过的地方可概括为“东南西北中”。“东”是广东，“西”是广西，“南”是海南，“北”是北京，“中”就是我们河南省。中国人民银行的干部是全国交流的，一般情况下，交流两三年就回北京。然而，我这次交流竟然长达七年。我前年准备回北京工作的时候，河南省出于相关工作需要，把我留了下来。这样，河南省还真的将成为我工作的最后一站了。

既然落户河南，并准备在这里结束自己的职业生涯，那么很自然，我就要扎根中原、深耕中原、依靠中原、服务中原。

我在工作中要与各个部门进行联系，但我更重视与高校的合作关系。因为我从大学本科毕业攻读研究生开始，从来没停止过学术思考与研究，对经济问题和金融问题一直在思考和探索。随着改革开放的深入，我自己深刻地感受到中国社会经济发展的很多成就实际上与我们的学术研究和理论创新、突破是分不开的。因为理论是实践的主导，没有理论的突破，没有思想的解放，没有认识上的高度统一，很多实际问题即使过了10年、20年甚至100年都很难解决，我们绕来绕去还是没有离开原地。所以，很多经济学问题、社会学问题、政治学问题和哲学问题，都与我们的思想认识分不开。耿明斋教授在研究中国经济体制改革问题时也多次谈到了这一点。

刚好河南大学的校训本身就是讲如何用文化来培养人才，那么面对银行业数字化转型这样一个新理念，我们就需要用一种新的思想来指导我们的金融实践。所以我今天很高兴来跟大家一起探讨银行业数字化转型的问题。

二、数字化时代对银行业的改造最深刻、最彻底

数字化转型问题在2010年和2011年是最火爆的，那时我在北京几乎每个周末都要参加2～3场关于数字化转型和互联网金融的学术论坛。现在大家对数字化的认识已经非常深入了，尤其是这场疫情冲击之后，我们每个人每天都在享受数字化时代的效率、便利。所以今天我想借耿明斋教授经济思想研讨会这个机会探讨一下我们银行的数字化问题。

早年我在北京参加学术研讨时就提出过银行业是最离不开数字化的。银行业最早利用数字化，并且利用数字化的程度最深。因为银行业本身就是一个完

全可以虚拟化、数字化的行业。银行说到底是一个以信用为基础的行业，它在整个社会的信用链条里起到了中介作用，帮助人们完成了个体之间的很多交易。所以它本来就是和数字打交道的。在信息化时代、数字化时代和智能化时代中，银行业是最早利用计算机的，而计算机行业的快速发展更离不开银行业、金融业大量购买计算机并大量开发应用信息系统。所以数字化时代对银行业的改造是最深刻、最彻底的。

比尔·盖茨曾说银行将会成为21世纪的“恐龙”，也就是传统银行业的形态会发生深刻变化。传统物理形态的银行已经没有太大的存在价值了，数字化时代的信息技术、移动技术和数字技术完全可以满足银行业务开展的需要。这就对整个银行的服务方式、服务理念、营销方式、营销理念和管理方式都会产生颠覆性影响，会对银行进行一次重新改造。如果银行业不能紧跟数字化步伐，很多银行的生存就会非常困难。

三、数字化时代与河南省的普惠金融

随着数字化技术的发展，传统中小银行的生存空间越来越窄，而互联网技术应用比较快、比较彻底的大型银行却越来越有优势。

我来河南工作后坚决做普惠金融，为什么呢？因为传统大银行服务触角很难深入边远山区和广大农村。我们过去到农村设网点，既需要物理网点成本，又需要人员成本，安全成本更高，风险很大，金融服务就很难渗透到乡下去。在探索普惠金融如何在农村和边远山区落地，如何服务我们的农业、农村、农民和农民工的过程中，将移动通信技术与移动金融融为一体的兰考模式应运而生了。兰考模式可以概括为“一中心、四体系”。这个“一中心”就是移动金融服务中心，我们打造了一个普惠通 App，加载了各家金融机构的金融服务，通过这个平台把我们过去渗透不到的地方覆盖下去了。

因为大银行聚集了大量的金融科技人才，有大量的资金投入，才更快地适应了数字化时代，但城市商业银行等中小银行怎么办？只有两个选择：要么加快数字化转型，要么被时代淘汰。所以银行业数字化转型是形势所迫。

四、推进银行业数字化转型的几点思考

从河南普惠金融的实践来看，数字化规模发展是非常快的。我认为中小银行应将数字化转型战略融入自己的发展过程，融入国家和区域发展战略。我们要围绕政府、企业、居民等不同类型的客户需求，思考银行业转型的目标和转型路径。结合中原银行的实际，我提出几点自己的思考。

第一，坚持金融向善、金融为民。我在推动普惠金融的过程中一直强调要建设美好金融、服务美好社会、促进社会和谐。

这一理念虽然早在我们的教科书里就提出了，但现实却不是这样。过去我们的金融服务主要是锦上添花，主要是针对高端客户使用的。因为我们潜意识里认为有钱人就有信用，把钱贷给有钱人风险比较可控，所以很多银行的贷款非常集中。我在中原银行吸收合并洛阳银行和平顶山银行时，给大家分析过四大银行过去资产结构的“三高三集中”。“三高”就是高定价、高收益、高风险；“三集中”是集中在房地产、集中在大户、集中在股东。显然，这个逻辑结构就没有金融向善、金融下沉的理念。中原银行提出了围绕农业、农村、农民和农民工的“四农”金融服务，围绕中小微企业、个体工商户和个人客户群的城市最小最微的金融服务。这些也是开放式金融服务，客户只要下载中原银行的客户端，就进入了金融超市平台，不但可以享受中原银行的所有金融服务，还可以享受大银行的金融服务，这就是金融向善、金融为民。

第二，坚持业务驱动、注重效率。数字化转型成功并不能说明这是银行的成功，业务发展战略才是需要关注的根本。过去我们的银行开发了很多小程序，但应用价值和效率都不高，并没有给老百姓带来预期的便利。我们总结出科技一定要以业务为导向，互联网金融的本质还是金融，金融的本质还是信用。互联网并没有改变金融的本质，数字化技术也没有改变金融的本质，改变的只是银行的服务方式和管理方式，所以我们提出科技一定要为业务服务，要坚持业务导向。

第三，数字化时代提倡的是坚持科技自主、创新发展。中小银行在处理科技金融方面往往容易失去独立自主，因为它们会急功近利地把自己的资金优势与互联网公司所掌握的客户流量通过开发很多小网络平台对接起来，短期内业

务量会增长很快，但实际上银行的业务模式、服务技术，乃至整个后台核心技术都掌握在平台手中。所以前段时间四个村镇银行就出问题了，这些科技小程序打着银行的牌子把钱套走了。这是很可怕的，数字化时代的银行一定要坚持独立自主，客户是银行的根基，客户的营销与服务绝不能外包。银行必须培养自己的科技队伍，打造自己的核心技术，实现架构设计、技术路径的自主可控，逐步构建具有本行本色化、差异化的自主风控能力。

第四，坚持开放共享、合作共赢。过去商业银行的经营自成体系，缺乏对客户的深耕，把同业看作完全排斥的竞争对手。而在数字化时代，银行应该从以网点为主体向以场景为主体转变，由独立提供服务向与第三方合作提供嵌入式服务转变。金融服务要与各种应用场景相结合，创造支付场景、生活缴费、消费信贷、供应链金融、贸易金融和政府金融等。所以商业银行需要打破原有的边界，加快建设，引入外部的场景资源，打造开放平台，建立“场景+渠道+平台”的生态体系，共同为客户服务，共同打造开放的生态圈。这就是开放模式的培养。

目前，中原银行在全国银行系统中的数字化转型技术和科研成果排名靠前，在河南省内肯定是独一无二的。我们要进一步发挥排头兵优势，在加快自己发展的同时，为全省中小金融机构的数字化转型提供技术支持，为我们河南的数字化经济发展提供有力支撑。

由于这些年来我一直在中国人民银行工作，2021 年 9 月 1 日才到中原银行，所以我从过去的理念和政策研究，转到当前的商业银行实际操作，对数字化金融体会的理论深度不够，实践经验也不丰富，这些分享只是起到抛砖引玉的作用，供大家批评指正。

最后，再次对耿明斋教授从教从研 40 周年表示祝贺！

对河南大学 110 周年校庆表示祝贺！

谢谢大家！

祝贺 祝福 祝愿

郭 军[①]

我今天很高兴，也很激动，非常感谢宋丙涛院长邀请我来参加这个会议。今天是河南大学的110周年校庆，也是我们经济学院成立95周年，还是耿明斋教授的70华诞，我衷心地表示祝贺、祝福和祝愿！

我不是河南大学毕业的，但是我是河南大学的粉丝，对河南大学情有独钟。我们河南财经政法大学的前身是河南财经学院，而河南财经学院正是以河南大学政教系（经济学院前身）的两位负责人为主筹备组建和发展起来的，且河南大学持续地为河南财经学院输送了大量高才生，借此构筑起河南财经学院教学科研骨干及其校务管理群体，这一历史渊源是客观存在的。

许多省外高校或社科研究单位同仁来豫讲学交流，和我联系得多一些，他们来河南一般都希望看看河南的高校，我带他们去的第一所也是次数最多的学校就是河南大学。漫步在河南大学老校区，那里的文化底蕴，那里的学业氛围，那里的楼宇建筑，那里的一草一木，给人的感受，可以说是到现在为止河南省很多学校所不及也是赶不上的，甚至是没有的。我在那里向客人讲述河南大学的历史，我在那里汲取了进步的能量。

我也是河南大学经济学院的粉丝，对它也是情有独钟。就在2021年，我再次参观了河南大学经济学院的院史馆，每一次浏览接触都有不少新的收获感

① 郭军，经济学教授，河南省经济学会副会长，河南省省管优秀专家，曾任河南财经政法大学科研处处长、研究生处处长、河南经济研究中心主任。

知，心里涌动的都是河南大学经济学院与河南大学的文化底蕴一样深厚、一样博大、一样有潜力，它代表着河南高校经济学科的高端水平，代表着河南经济学理论教学研究的前锋，令人敬畏与膜拜，尽管每每提起，宋丙涛院长只是淡淡一笑。我忘不了，是河南大学经济学院最先响应并承办召开了“河南省高校经济学与管理学学院院长（系主任）年会”；也忘不了河南省经济学学会的每一次论坛研讨或座谈，河南大学经济学院都是一马当先，给予中坚力量的支持；还忘不了河南大学经济学院多次聘请我担纲主持研究生学位论文答辩，使我受益匪浅。

还有一件我一辈子都忘不了的事情，就是我在河南财经学院当科研处处长的时候，有一年我邀请我国著名经济学家、北京大学海闻副校长讲学，告知了耿明斋教授，他说非常欢迎海闻教授来河南大学作报告。行程安排是海闻教授当天下午在我们河南财经学院作报告，晚上去河南大学经济学院演讲，晚上 11 点多时，海闻教授从河南大学回来后拉着我的手很认真地看着我说：“郭军，是你把我请来的，但是我的印象却留在了河南大学，那个报告会场里全是同学和老师，走廊里和门口站的都是人，连我背后也都站满了人，这样的学术氛围和文化气息让我兴奋极了！我们希望的就是这种形式和状态啊。”我听了脸上红扑扑直发烧，既难受又难堪，河南财经学院是做不到这一点的，这使我这个科研处处长感到羞愧，说明我以一个学校层面的组织，却大不如一个二级学院的组织，学术氛围、学术气场、学术追求，很自然地拉开了两个学校之间发展上的差距。

今天的河南大学经济学院依然是河南高校中、整个河南经济学界的旗帜翘楚，依然是我们学习、跟进的样板典范，过去在耿明斋院长、现在在宋丙涛院长和他们特别想做事儿、能做事儿、做成事儿的一班人及其团队的带领下，河南大学经济学院踔厉奋发，勇毅前行，河南人看好它，河南高校经济学界看好它，我衷心地祝贺、祝福和祝愿！

我和耿明斋教授的接触还是比较早的，我也是他的铁杆粉丝。他是河南省唯一一个参加过莫干山会议的人。1984 年 9 月，也就是在中共十二届三中全会召开前一个月，在浙江德清莫干山召开了那个足以影响中国改革开放的历史“圣会”。莫干山会议真正实现了以文与会，从全国 1300 多篇投稿中由楼继伟（后任财政部部长）、周其仁（后任北大国发院院长）等评审推荐出 124 篇文章作者作为正式代表参会，耿明斋教授是 124 名受邀参会代表之一，那是要真货、干货的，参加那次会议的有王岐山、肖捷、周小川、马凯、郭树清、张维迎等。我前几年经常去北京参加于光远、刘国光等组织的经济学活动周，其间听人说起莫干山会议，才知道耿明斋也参加了那次会议，很是佩服，他给河南学界争光了。大家知道，耿明斋教授不仅在河南大学经济学院领导、组织、建设了 3 个最早的河南省经济学博士点和博士后流动站，而且他在全国经济学界都有很大影响，我只要参加全国会议或省外学者来河南访问，别人总要问我耿教授怎么样、现在做什么，提起他的名字大家都很尊重。

耿明斋教授还是我国社科基金规划项目的评委，这在社科研究单位和高校都是凤毛麟角，河南省就几个人，河南经济学界就只有他，原来有杨承训先生，现在杨先生年纪大了，实际上这些年就是耿教授一个人，他不仅为河南省争得了学术高层的话语权，也为河南省获得更多社科项目出了力，做出了贡献。

说真的，我只要看见耿教授，总是想叫一声耿哥，不叫声哥，觉得不足以表达对他的敬畏和尊重。他不仅很早就在理论研究方面取得了成果，而且还把研究成果写在了中原大地和祖国大地上。他在应用经济学研究领域绝对是一位领军人物，这本书、这次会议的主题选择与定位为《把论文写在中原大地上的经济学家——2022 年耿明斋教授经济思想研讨会纪事》，非常贴切，试问现在我们河南经济学界有多少能够像耿老师一样 40 年孜孜以求，一直在默默无闻地进行应用经济研究，从不张扬，而且做得非常好，做得大家都非常认可的人？所以我对耿教授 70 华诞发自内心地给予祝愿、祝贺和祝福！

我参加这个会，还有一点感想与建议，就是希望我们的学者也好，学生也好，能够认认真真地思考这个会议主题，怎样能够向耿教授学习，多注重理论联系实际，多做应用经济研究。

在座各位，大多是从事这个专业的，或者接近这个专业的，都对我们的河南、我们的祖国，对我们的未来，有一颗赤子之心、有一种执着向往，都希望将来我们的河南、我们的国家能够稳定，能够发展，能够实现现代化。大家发言中所阐释的思想观点、意见建议都已经淋漓尽致地抒发出来了。听着大家的演讲，我收益甚多，深受启发，我要把大家的思想观点带回去，好好学习、好好消化。很多年没有这样的氛围了，我很激动，也很感激，相信有我们在座这些精英，以及学界业界所有同仁的努力下，我们的河南、我们的国家、我们的未来一定会越来越好，中华民族伟大复兴一定会实现！

我也衷心地对大家表示祝愿、祝贺和祝福！

谢谢各位！

耿明斋教授区域经济发展思想简要解读

孙德中[①]

首先祝贺耿老师，也感谢耿老师，跟着耿老师学习了 30 多年，我之所以能够站在这里，也是耿老师培养的结果。

我想用三个字简要概括一下我学习耿老师区域经济发展思想的体会，这三个字分别是“农”“城”“人”。

第一个“农”字。对于河南来说，我们这个区域经济的特色就是农业、农村和农民。耿老师有一个很大的学术贡献就是传统农区工业化理论，站在我的角度来理解，我认为这是他学术的原点。

第二个“城”字。所谓“城”，就是现代化的标志，也是一个区域高质量发展的载体和支撑，城镇化也是一个区域高质量发展的“助推器”。对此，耿老师也有一系列学术思想，如中心城市带动城市群都市圈发展思想、“郑汴一体化”为“郑开同城化”提供了理论先导，在这里我不说是支撑，最起码是先导。

第三个“人”字。区域经济发展的核心问题是人的问题，我们现代化的结果，或者我们要实现的目标也是通过人的现代化来体现的。我觉得在这一点上，耿老师很早就进行了学术关注，并且一直在对我们这些“后学者”进行学术教育和学术培养，让我们逐步成长。我印象特别深刻的就是他发起并设立的

① 孙德中，经济学博士，高级编辑，时任河南日报报业集团（河南日报社）党委委员、副总编辑，现任河南日报报业集团党委副书记、总编辑。

中原发展研究创新奖，这个奖只奖励 45 岁以下的学者，实际上这是一个激励“后学者”的奖项，充分体现了耿老师为区域高质量发展营造人才培养环境的良苦用心。我认为一个区域的发展实际上是一个生态，不要简单地把区域发展归结到某一个因素上，如官员应该怎么样、老百姓应该怎么样、禀赋条件应该怎么样……实际上我觉得首要责任就是研究者的责任，也就是经济学家们有没有把区域发展的问题研究清楚。因为只有理论研究者把问题研究透彻了，政府才能够据此制定好战略和策略，在实际工作中解决各种困难和问题。在这一点上，我们应该向耿老师学习，因为他抓的是最根本的问题，就是区域经济发展研究层面的难题，中原发展研究创新奖的设立就说明了这一点。

党的二十大马上就要召开了，我们要进入一个新发展阶段。在中原大地，在河南这么一个省份，在下一轮我们能不能实现“弯道超车”、能不能进行领跑发展至关重要。我希望在座的诸位能够像我一样，一起向耿老师学习，在新时代进行我们的理论创新，推动未来发展。我个人觉得河南大学经济学院今天举行这个活动的价值就在这里！

谢谢大家！

乡村振兴背景下城乡联动与协同治理中的四个困惑

刘荣增[①]

今天我非常高兴来参加这次活动！

祝贺母校110周年华诞！

祝贺耿明斋教授70岁生日及从教从研40周年！

祝贺耿老师学术思想这本书的问世！我回去要好好学习一下。

我认识耿老师是在我从河南大学硕士研究生毕业后的1999年在南京开会时，转眼23年过去了。这期间我受到了耿老师很多思想的影响，耿老师也给了我很多指导和帮助，在这里向耿老师表示感谢，祝耿老师学术之树常青！

我近期做了一些城乡联动与协同治理方面的研究，遇到了几个区域发展中令人困惑的问题，今天也向在座的各位提出来，抛砖引玉。我提出的这几个问题里有3个关键词，分别是“尺度”“空间”“产业”。由于时间有限，我只把问题点出来，不展开讨论。

困惑一：区域经济研究中的产业雷同问题

我一直在思考，产业雷同到底放在什么样的尺度空间内才算雷同？比如，

① 刘荣增，经济学博士，教授，博士生导师，曾任郑州市旅游局副局长、河南科技学院副院长、新乡医学院党委副书记，现任河南财经政法大学副校长。

开封现在在做汽车工业，郑州也在做汽车工业，原来的苏锡常都是搞电子产业的。那么，开封与郑州的汽车工业放在省级尺度下就是产业雷同，但放在全国、全球大市场下就是一个产业集群，并不存在雷同的问题。所以有时我们在做小尺度的区域城市发展规划时，过分强调专业要分开、产业要分开，这样做是否合适？

困惑二：区域经济研究中的产业聚集问题

产业聚集到底放在多大的尺度内才算聚集？比如，漯河做食品工业，周口也做食品工业，这两个城市不在一起，或者说在一定距离的范围内，是否算产业聚集？而在更大的网络空间时代、更大的尺度范围内，产业聚集又该如何界定？

困惑三：城乡协同治理中的乡村空间聚集与扩散问题

山东前段时间进行了一些村镇合并，后来出了一些问题后就叫停了。那么我们的乡村振兴中，基础设施一定是要布局的，乡村需要燃气，需要自来水，还需要挖沟排水和污水治理，这些都要重新布局。但乡村之间过于分散，农民一家一户都隔了很远的距离，这些问题到底该怎么解决，都值得我们去思考。

困惑四：城乡协同治理中的乡村产业遴选问题

乡村要振兴，没有产业支撑是不可能实现的。但是每个乡村的产业遴选问题却值得考虑。有条件的乡村可以上非农产业，没条件的乡村怎么上？上产业的乡村又该怎样进行产业遴选呢？原来苏南地区镇镇点火、村村冒烟的局面肯定不能再有了，那么我们广大河南农村是不是村村都进行蔬菜种植和大棚种植？如果不是，该如何根据自己的条件去选择产业？

这些问题我觉得是在当前乡村振兴这个大背景下，在城乡协调发展、城乡联动和治理过程中，我们面临的一些重大问题。

由于时间关系，我就说这么多。再次祝耿老师身体健康！

谢谢各位！

亦师亦友的领路人

于金富[1]

尊敬的耿明斋教授，亲爱的各位领导、老师们、同学们，今天我很高兴来参加这个活动。

在这里我要表达两层意思：第一层是祝贺。热烈祝贺河南大学110周年校庆！热烈祝贺河南大学经济学院经济学科创建95周年！特别要热烈祝贺我们耿老师70华诞！第二层是感谢。非常感谢耿老师多年来对我的关心、指导和帮助，没有耿老师就没有我们河南大学经济学科的今天！也没有我的今天！

一、“高”“大”“上”的人格魅力

我看到有这么多我们自己培养的硕士、博士、博士后坐在这里开会并庆祝耿老师70华诞，心里是真高兴啊！刚才耿老师亲眼看到、亲耳听到大家目前在各个行业都已经很有成就时动情地说：“学生好，老师也跟着省心、脸上有光!”实际上，我觉得没有耿老师就没有我们，我们现在有这么好的发展机会，其实都得益于我们的耿老师。

为什么这样说呢?

---

① 于金富，经济学博士，教授，博士生导师，曾在河南大学经济学院任教，后调入辽宁大学中国经济转轨研究中心工作。

因为河南大学自1979年招收政治经济学硕士研究生以来，很多年就只有这一个硕士点，一个点能招多少人？我们第二个硕士点就是耿老师牵头申报的国民经济学专业。之后，耿老师又带领着我们成功拿下了应用经济学硕士点一级学科，接着又取得了河南大学经济学科的第一个博士点。因此，没有耿老师，就没有河南大学经济学科的蓬勃发展！大家也就没有这个宝贵的学习机会！吃水不忘挖井人，我们大家的发展和进步，都得益于耿老师，都托了耿老师的福！

耿老师为什么很成功？我们要向耿老师学习取经，我认为是三个字——“高”“大”“上”。

“高”是指耿老师的智商高、情商高，为人做事很豁达，做事情很有自己的办法，处理问题很周全，在学术研究、学科发展与学院治理工作中的情商和智商都很高。

“大”是指耿老师心胸宽广、格局比较大。有很长一段时间河南大学经济学科在全国高校的定位是三流水平。2001年年底耿老师当院长以后，带领我们讨论过很多次这个问题。当时经济学院有两个选择：第一是把学科做得小而精；第二是做得大而粗。也就是规模大一点但不一定很强，或者说做得很精但规模不一定大。当时耿老师说我们的目标应该是做大做强经济学科，不但规模要做大，而且质量还要提升、实力要强！因此，在耿老师的带领下，我们按照做大做强的目标持续努力，终于从三流学院变成了一流学院，否则就没有大家今天的齐聚一堂。

耿老师的心胸大还体现在他很能容人，不管有优点的人、有缺点的人、有成绩的人、没成绩的人……耿老师都是一视同仁，对大家都很好。所以，耿老师的大格局和心胸宽广是领导、同事和同行共同认可的。

“上”是指耿老师人生中所作的决策基本上都是上策。他不但在自己的学术研究中取得了丰硕成果，还在学院治理和学科发展工作中取得了一个又一个的突破性进展，所以说，正是耿老师一个又一个的正确决策，才使他个人的事业和经济学院、经济学科的发展出现蒸蒸日上的大好局面。

河南大学经济学科为什么能够发展？就是因为耿老师能力超强并且为人特别好。一个单位的主要负责人如果做人做事做不好，那就是蠢和坏，或者说既蠢又坏，这个单位就完了。耿老师为人好、品德好、性格好，并且相当有能力，这是大家有目共睹的，所以他才有凝聚力，才能带领大家向前发展。曾国藩先生说，人赢在和气、输在脾气、成在大气。我看耿老师正好是很和气、很大气，但是没有脾气，他特别平易近人，很宽厚，不计较。因此我觉得这是耿老师个人能够成功，并且带领我们团队发展的一个重要原因。

没有耿老师，就没有河南大学经济学科的发展，就没有我们大家的今天。对此，我们都要感恩，我自己在工作与事业发展中的受益也是很大的。

刚才同学们都在讲自己是耿老师学生中“第一”的元素，其实我才是耿老师的第一个学生，也是耿老师的老学生。我是 1987 年从东北到河南大学经济研究所读硕士研究生的，耿老师给我们讲“社会主义经济理论”课，我到现在还记得耿老师给我们讲传统体制弊端和这些弊端的根源到底在哪儿这些宝贵知识。

毕业后我就留校工作了，在河南大学是经济研究所、经济系、经济学院的“三朝元老”之一，后来当了副院长，在河南大学也算个中层干部，有这么一点经历，我在这方面也算小有成就。当然，跟着耿老师一起进行学科建设和学位点建设是最愉快的，最后的成功让我最有成就感。

我比耿老师小 4 岁，也算耿老师的老兄弟了。他是我的好兄长，在生活上一直很关心、照顾我。当年我毕业留校后，我的孩子从东北过来和我一起生活，晚上基本上都是放在耿老师家里，因为下班后我要出去讲课补贴家用，所以他家的饭我自己也没少吃。

耿老师 1982 年在河南大学经济研究所攻读硕士研究生，我是 1987 年才进所里读研，那时他在学术研究上已经取得很多成果了。耿老师的研究实际上是两条线：一个是理论研究，一个是现实问题。我就是受了他的启发和指导，才慢慢走上了学术道路，因此我很感激这么多年耿老师在工作上、生活上和事业发展上给予我的关心、指导和帮助，更感谢耿老师对我们经济学科的贡献，使我们大家有了这么一个相聚的机会、发展的机会。

在此，我再次祝耿老师身体健康！

二、耿明斋教授公有制和市场化改革的重要思想

大家现在都很清楚耿老师是省里最重要的专家之一，他的经济思想如“郑汴一体化”等为河南省经济发展和一亿河南人民的福利提高做出了重大贡献。

但是很多人可能还不知道，耿老师当初的志向是要为他那个时代全世界60亿人民做贡献的，至少是为10多亿人民做贡献。我这个话讲得不虚，因为耿老师一开始做的是理论研究，研究的马克思主义经济学，是为了解放全人类的，建立全人类的自由联合体。耿老师1984年还在攻读硕士研究生时就在《河南大学学报》的社会科学版发表了一篇学术文章，题目是《从马克思关于“自由人联合体”的设想到农业生产责任制的实践》。马克思是为全人类而工作的，我们的耿老师一开始也是为全人类而工作的。后来耿老师又专注于研究中国经济改革，所以说这是关系10多亿人民生活质量的事情。我现在就把耿老师关于公有制和市场化改革这两个主题思想简单介绍给大家。

耿老师关于公有制的思想主要以马克思的自由者联合体理论为基础和指导，讨论公有制应该有什么本质特征、应该采取什么实践形式。公有制的本质特征就是劳动者的自由联合，是自主劳动、民主关联，就是劳动者成为生产资料的所有者，成为生产过程的主人，成为管理的主体和利益的主体，特别是最终要肯定劳动者个人的自由和权利。这是公有制的本质特征。

耿老师的公有制研究中提出要实行股份制，股份制里不仅有国家股、集体股，还有个人股，公有制的实现形式不能是机械的，马克思对未来社会的公有制仅仅是按照西方发达国家的实际情况作了一些设想，列入了社会所有制、国有化等。耿老师强调这个不能是社会主义公有制一般固定的形式，更不能作为一种理想的形式照搬到中国来，中国应该根据国情探索自己公有制新的实现形式。耿老师把公有制分为本质特征和实现形式两个方面，本质特征要坚持、要体现，实现形式要发展、要创新。我后来在耿老师这一思想指导下一直研究公有制问题，取得了一定的进展，这都要归功于耿老师。

耿老师关于市场化改革的研究始于1991年他在《南开经济研究》发表的一篇文章——《对我国经济体制改革的回顾和思考》，这篇文章指出当时中国经济发展活力不足，特别是在微观细胞企业里面，缺乏经济有效增长的基础，我们的改革主要就是解决这个问题，改革的方向就是要逐步减少国家对企业的干预控制、扩大企业自主经营的范围、扩大市场调节的范围。耿老师在1991年就提出了这个思想，并且提出我们的改革目标模式是要建立国家计划指导的市场经济运行模式，这个模式实际上就是国家宏观调控的市场经济。仅过了一年多，1992年，从邓小平南方谈话到党的十四大报告就明确提出要建立市场经济体制。所以，耿老师的研究是很有超前性的，既是对党的十三大的坚持，也是对党的十四大的贡献。刚才我听到有两位领导的发言中都讲到了耿老师的研究既具有理论深度又具有重要的应用价值。我认为这个理论深度的确是相当深的，市场化改革的方向就是市场，我们经济改革的方向是市场化，改革的重点是企业改革，而企业改革的重点就是所有制改革，所有制改革的重要形式就是股份制，股份制就是强调产权多元化，特别强调劳动者个人应该拥有产权。所以，从耿老师的公有制理论、市场化改革理论，最终落到股份制，承认劳动者的个人所有权。这些研究成果对于我们当前在所有制问题上的理论探索和实践指导都有重要的启发意义。

最后，祝耿老师健康长寿！并且继续在学术上、事业上有更大的发展！

缺乏现实解释力的理论是不具生命力的

李燕燕[①]

今天我非常高兴来参加这个会议。我是河南大学培养的学生，也在河南大学经济学院工作过，程书记、耿老师都曾经是我的直接领导。今天还看到很多老师、同事和学弟、学妹，心情特别激动。

一、学术调研与我的学术生涯

从复旦大学硕士研究生毕业以后，我就回到了河南大学经济学院工作。作为一名高校年轻教师，直接面临的问题就是发表学术文章和申报科研项目，而找到自己研究的真命题是最为关键的，这个问题找准了，就意味着成功了一半。

严格意义上讲，我的第一个课题是耿老师带着做的。他当时给了我一个关于台商直接投资的命题，说我们可以去台湾做调查研究，我的干劲儿特别足。当时的电脑还是“386”和“486”，但当我写好以后，电脑出问题了，整个稿子都没有了。我没有办法，只好拿了一本稿纸，从第 1 页写到了第 100 页，交给耿老师。他可能是因为这个手写 100 页的稿子觉得我这个学生还行。

① 李燕燕，经济学博士，教授，博士生导师，现任《郑州大学学报》编辑部主任兼学报主编。

随后我跟着耿老师进行了一些调研活动，开始训练自己的理论研究与实践分析相结合的能力。到长垣县和固始县的两次调研使我真正找到了学术研究的真命题，成就了我的博士学位论文，也成就了我在《经济学动态》《经济学家》和《经济评论》等权威核心期刊上发表的5篇学术论文，这也是后来我第一个国家社科项目的基础。记得这两次调研都是王理开着耿老师的小车，他在高速上竟然把本田飞度开到了160千米的时速，还问我坐他的车害不害怕。

耿老师带着我到许昌调研推进区时，我敏感地意识到土地资本化问题非常显眼，回来以后我就认真研究，又用了一星期的时间填写国家社科项目申报表。当时写申请书时，我就觉得这个选题应该不会有什么问题，所以很顺利就拿到了第二个国家社科项目。

到了后面，我就沿着耿老师的思路深入调查研究都市圈、航空经济、城镇化等专题。因为我硕士研究生读的是金融专业，所以在调研城镇化进程时，我发现城市也在资本化。所以就自然而然地申报了自己的第三个国家社科项目，并成功拿到了。

因此，我想给申报项目压力特别大的年轻老师们分享的一点感受就是，要努力通过在现实的调研活动去发现经济运行的真命题，并且一步一步地深入研究，还是有所收获的。

事实上，耿老师做研究，选取的研究对象都是一些真正的问题，这是真正的学术研究！绝不是单纯为了发表文章，更不是故意做一个复杂得让人看不懂的模型最后却得出一个大家都知道的结论，我觉得这种经济学研究的李嘉图恶习价值不大。

二、五个值得思考的理论问题

我们现在的形势是一个多重叠加状态，这个多重的叠加状态往往使得我们的宏观政策制定者陷入“既要”和“又要”的两难状态。为什么会出现这个两难的问题？这就涉及很基础层面的理论上存在一种模糊状况。

思考一：货币是什么？

我们经典的教科书讲货币是一般等价物，这就意味着货币不但要有物，而且还要物有所值，不管是黄金、石油还是美元，都可以作为这个“锚”。但是有“锚”的一般等价物很难逃避特里芬难题，也很难逃避“美元是我们的货币但却是你们的麻烦”的难题。那么相对地，现在货币还有一种说法，即它是债务债权的契约。如果是这样的话，信用货币与“锚”有没有关系？这个信用货币追求的不是绝对实力，而是一种相对实力。那就意味着传统经济学比的是谁好，而现在比的是“我不比你烂”这么一种状态。货币将来是什么形态？怎么认识它？这个问题到现在都没有一个非常好的解释框架，各说各有理。

思考二：平衡财政还是功能财政？

平衡财政显然是收支平衡，但是我们现在是功能财政，而功能财政造成支出并不取决于收入，也就是说，政府需要完成什么样的财政功能，就需要什么样的支出规模。由这样的央行来印钞，结果是什么？财政功能无法削减，支出是有刚性的，财政无法持续平衡。这个支出既取决于收入，又依赖于赤字，就是这样的状态，事实如此，现在的货币理论对经典教科书中整个传统货币理论是一种冲击。

思考三：货币与金融，虚拟与实体

金融是指什么？金融指的是已经提供到市场上的货币有条件的转移，比如期限问题和利率问题。但是以信用为“锚”的货币是记账货币，这样的记账货币注定要与实实在在的商品脱离，就会形成一套疏远金融市场的体系。这样的一套金融市场体系，就会造成经济资源的实际流转要被货币借贷洪流掩盖，而且会以货币交易为目的，诞生更多这样的机构。问题就来了，在传统经济中，金融是融资，无外乎银行的“左手”和“右手”，从存款到贷款，储蓄转化为投资，最坏的结果不过是通胀或通缩。但是如果换为以信用为“锚”的货币，虚拟经济不是直接创造物质财富，而是创造巨大的货币财富。这个货币财富最大的好处是什么？是激发人们不断地去创新，不断去获得更多的货币财富。而物质财富要受到物的数量限制。历代农民战争为什么会发生？对物的重新分配主要表现为对土地的重新分配。所以货币财富是一种激励，在这样的情况下，就要求社会来构建信用管理体系。一般均衡理论、货币中性理论与内生经济增长理论构成了当代主流经济学的核心，追求真实财富投入产出的生产与名义变量和货币变量无关。但是，在虚拟经济创造财富的背景下，如何认识名义变量和货币变量在宏观经济学的经典理论中是被忽略的。

从商品货币到信用货币导致的金融和经济、金融周期和经济周期到底是什么关系？现在大家认识到了金融周期，学者往往通过几个量化的指标测算金融周期和经济周期，但是没有说明金融周期和经济周期到底是什么样的逻辑框架，也造成了金融对实体经济的疏远化，同时金融与实体经济的界限也趋于模糊。由于理论内在的逻辑也没有说清楚，如何管理货币以及货币在经济运行中的作用就成为现代经济运行管理的基本问题。

思考四：土地财政还是土地金融？

财政很显然是税收流入，严格意义上讲，我们所说的土地财政应该是土地金融。土地金融是指我们现在出售土地未来的增值，为城市公共服务进行一次性的投资，融资以后建厂生产。现在到了什么阶段？现在是处于城市化的转型阶段，矛盾的焦点不再是资本不足，而是收入不足，现金流不足以覆盖一般性公共服务的支出。也就是说，土地资本化不能击鼓传花下去了。资本性的缺口和现金流的缺口是不能互相替代的，就是说一开始像土地这个资本性收入覆盖现金流缺口，注定会发展到今天这种状况。当然现金流也不能覆盖资本性的缺口。

思考五：宏观政策的调控困境

传统的货币政策以控制通胀为导向，政府在就业与通胀之间进行抉择。我们现在是什么样的状况？投放货币面临的问题是资产泡沫和贫富分化。理论上讲困惑在哪儿？各个行业在周期上存在不同步，行业之间、企业之间以及居民之间收入分配不平衡，而金融是全局式的，宏观经济的调控政策无法很好解决经济内部的结构性问题，同时还要受到外部经济的冲击。所以产业资本、土地资本和金融资本其本身的需求弹性不同，注定结果也不同，无论是数量型的货币政策还是价格型的货币政策，都是内在的需求。结果造成什么？造成货币政策宽松，信贷过多流入资产市场，催生了资产泡沫，可以说过去几年几乎把所有的金融市场扫了个遍。现在回归货币政策正常化，降低企业融资成本是货币政策的重点，目的就是传导到贷款的需求。政策通过银行资产端和负债端两个方面入手。我们现在遇到的困惑不在供给端，而在我们的需求端。前面几位领导和专家都提到我们的民企或者宏观经济形势在于我们现在需求端疲软，在于我们的资产慌，需要夯实实体经济，尤其是制造业。

谢谢大家！

关于郑州都市圈能级提升的思考

王海杰[①]

首先祝福母校 110 周年校庆!

祝福亲爱的耿老师七十大寿!

耿老师是把理论研究和实践能够实现完美结合的表率！一直以来，我在多个场合跟着耿老师学习，受益匪浅。现在我汇报一下关于郑州都市圈能级提升的思考。

郑州都市圈是河南省委省政府高质量建设现代化河南的重要抓手，也担负着实现高水平现代化河南建设的重要使命，但是在建设过程中还存在一些不足，主要表现在以下四点：

一是核心城市首位度不高。这个不足基于与世界一流的如巴黎、纽约这些城市圈的对比。郑州市作为核心城市，在 2021 年全国 27 个省会城市中，经济首位度是 21.55%，排名第 22 位，在中部 6 省省会城市中排名最后，距比较理想的 30% 目标还有不小的差距。

二是科技创新能力不足。主要表现为郑州市高层次科研人员的比重还较低，两院院士仅是合肥的 1/7，千人计划专家人数不及武汉的 1/10，创新型企业占比也较低，高水平、高层次的研究型大学水平更是不足。

三是缺少国际化助力。目前都市圈还仅停留在省级城市之间的交流与合作

① 王海杰，经济学博士，教授，曾任河南省政府办公厅二处副处长、河南省政府研究室经济处副处长，现任郑州大学商学院执行院长。

层面，开放发展程度不够。

四是公共服务供给水平较低，在居民教育、医疗、养老、公共服务等社会福利和生活环境方面，与沿海地区相比也有差距，高校的毕业生流失率也较高。

世界级的都市圈在培育建设过程中，既有共性，也有一些独特性。其中共性主要体现在以下三个方面：

一是以经济核心城市为中心进行分工协作，整体上呈现出核心城市以服务业尤其是生产性服务业为主，发挥生产性服务业的功能。外围城市基本是以制造业为主，发挥生产制造功能，各城市之间分工比较明晰。

二是规划合理的网络化公共交通系统。

三是注重绿色可持续发展。因为随着城市人口密度的扩大，交通拥堵、资源紧张、环境污染问题都比较突出，世界级的都市圈都把绿色环保和低碳经济作为都市圈的核心主题。

基于此，郑州都市圈未来能级提升主要应该从以下几个方面来考虑：

一是要突出核心引领。高水平重振重建省科学院，高质量发展智慧岛双创载体。

二是强化多点支撑。围绕河南省“一主两副四区域”布局，打造若干省域科创中心。

三是汇聚国内创新资源，争取相关部门在战略科技力量布局方面加大对河南的支持，承接国家重大科技成果在河南的转化，还要加大与京津冀、长三角、粤港澳等发达地区的科研合作。

四是拓展合作空间。郑州市是龙头，应该在都市圈建设过程中提升与周边地区的连通能力，构建郑州都市圈轨道交通网络、“三环十横十纵六联”的高速公路网、“一城一港”的水运网，把“半小时通勤圈”与商业圈、生活圈融合起来，实现多圈合一的规划。

五是做强产业带。要推进郑开、洛巩、许港、郑新、郑焦、郑洛产业带建设，特别是以郑开科创走廊、许港产业带、开港产业带为骨架，构建“郑汴许”的黄金三角。

六是构建国际化营商环境。

七是构建协商共建机制，把都市圈制度创新建立在区域政策协同、产业发展协同、资源要素保障之上，推动各个主体统一规划、统一布局、统一设施和统一政策。

由于时间有限，我就简单汇报这些，不当之处请耿老师和各位专家批评指正。

最后祝耿老师身体健康，学术之树常青！

谢谢大家！

老同学　好朋友　真兄弟

王献立[①]

耿明斋教授的成就有目共睹。我们两人接触时间最长，硕士研究生3年我们吃住基本都在一起，毕业后其他同学都奔赴全国各地，我和明斋留在了河南，经常交流工作、思想和生活方面的想法。明斋取得如此辉煌的成绩是必然的，是金子就一定会发光！

我跟明斋一样，都在农村长大，并且祖祖辈辈都生活在农村。记得读硕士研究生的第一年，明斋和他弟弟赶着驴车从滑县到河北省拉货，路过我们家吃了一顿饭就又上路了。100多公里的路程，弟兄俩为了挣点运费多么辛苦啊！研究生刚入学，我一看明斋就知道，他跟我一样都是穷苦出身的孩子。农村苦出身的孩子越受艰苦环境的锻炼，越有坚强的意志。

一起学习时，我们两个闲了就经常骑着自行车出去转悠，一来锻炼身体，二来交流学习心得和思想。有一次骑车转到开封市西郊的庄稼地里、羊肠小道上和乡村土路上，在那儿走了一程又一程，后来坐在玉米地边上聊天。我问明斋毕业了打算干啥工作，他说想到政界，去政府部门工作。他问我想干啥，我说想到社科院，因为作研究员搞研究挺好的。我俩都有这样或那样的理想，并且奔着这个目标去学习、去努力、去拼搏。可是毕业后我们的实际走向却恰恰相反：我去了党政机关，明斋却留校从事教学科研工作。我们这一届硕士研究

① 王献立，河南大学1982级硕士研究生，高级经济师，曾任郑州商品交易所总裁、理事长。

生毕业时，“文化大革命”后学校年轻教师断档，我们是第三届硕士研究生毕业的，学校急需充实教师队伍。所以学校要求河南籍研究生在学校当老师。外省的同学留也留不住。我们省经济专业的学生能留校的就我和明斋两个人。毕业时，省委办公厅让我去财贸处（当时办公厅政研室合署办公）工作，省委宣传部也让明斋去理论处工作。后来明斋的调令下了，我的调令没下，省委办公厅对我说：“你就过来上班，不用回学校去工作。”我就过去工作了。但明斋老实，调令下了也不好意思去上班。后来，我们同学们开玩笑说：“明斋你真老实！想干的事干不成了。”

明斋非常勤奋，当然也遇到过很多的挫折。当时他在开封，我在郑州。凡是明斋需要我提供支持帮助的，我一定竭尽全力。他在经济学院担任院长后让我开一门期货投资课程，我欣然答应，并且利用业余时间给研究生讲课。该课程在硕士学分中占 3 分。明斋把我聘为经济学院特聘教授，聘期内每年有几万元的报酬，我说：“明斋，这个钱我不要，你们可用于学院发展或补助一下贫困学生。”为了支持经济学院发展和提升教学质量，郑州商品交易所下属信息公司赠送了一套证券期货模拟交易系统给学院，金融专业硕士生和本科生均可通过该系统加强理论与实际操作的结合。刚才我问这个系统现在的使用情况，明斋的学生郭兴方副院长说现在还在用那个系统，挺好的。

我是明斋的入党介绍人。刚才郭兴方问我本科在哪儿读的，我说我没读过本科，同等学力在河南大学读的硕士研究生。但是我比耿明斋有优势，他读了 4 年本科，我参过军，从农村入伍，当了 6 年的解放军战士，而且还是在当兵的时候就入党了，是比较早的党员，2022 年获得“光荣在党 50 年”荣誉证书。

生活中我和明斋是好兄弟。记得明斋出车祸时，我正上着班，突然接到一个电话说你同学明斋出车祸了，人正在开封医院抢救。我立即开车赶到开封，到医院一看，他浑身插着管子，人已经晕了，他爱人正在那哭泣，我说：“小郭（明斋妻子）你别哭了，耿明斋命大福大死不了，医生都在旁边呢，你哭啥哭!”我把她批评了一顿，说：“你回家休息，别管了！明斋大难不死必有后福！这么多学生在这轮流照顾着，没事!”明斋后来说：“你说的我都听见了，就是说不出来话。”我和明斋买房子的事也挺有趣。当时我们领导跟我说：“献立，你存着钱干啥？你买了我们的房子以后可以投资，即使房子不住也得弄一套。”这样，我也动员明斋买，我对他说：“你一套，我一套，咱俩住对门。退休后作邻居。”因为我有房子住，所以买这套房纯粹是用于投资的，就问明斋：

“这房子你住不住?”他说住，我就说：“我这个 200 多平方米的给你，你那个 180 多平方米的给我，你没钱我给你拿钱，以后你方便了还我钱就行。”他说：“我的钱不够，我还是要那个小的，我不能让你拿钱，那多不好意思，就这样决定算了。”结果买了房子，退休后也没有作成邻居。因为我到北京帮孩子照看外孙女。而明斋仍然老骥伏枥勤奋耕耘，不断为社会经济发展、为人民生活水平提高做出贡献!

我就说这些，与大家共勉，最后热烈祝贺母校 110 周年华诞!

祝贺河南大学经济学科成功发展 95 周年!

祝我的老同学、好朋友、真兄弟明斋身体健康!

谢谢大家!

来自政教系1978级老同学的祝福

习　東[①]

大家好！我曾是河南大学政教系1978级4班的学生，是明斋教授在河南大学读本科时期的同班同学。作为明斋的同龄人，我俩今年都已踏入了“古稀之年”，又恰逢母校河南大学成立110周年的大喜日子，经济学院今天在此举办“区域经济高质量发展暨耿明斋教授学术贡献研讨会”，这是一件非常有意义的事情。我作为耿教授的同学，今天能受邀前来参加这次盛会，分享耿教授的学术成就、聆听学术大咖们的学术高论，感到十分荣幸。

我与明斋教授从本科4年同学到日后交往已有40余年，我认为他的可贵品质主要表现在以下几个方面：

一是他奋发向上、追求真理的科学探索精神。明斋出生于豫北的一个偏远乡村，童年和青少年时期面临的不幸家境和极其艰难的生活并没有压倒他，相反地，他所历经的这些不幸和磨难，也许正成了他人生思考的起点和奋发向上乃至理论探索的不竭动力。经过自己的不懈努力，他于1978年考入河南大学政教系，实现了命运的转折。本科时期我们主要学习的是马克思主义的基本理论（哲学、政治经济学和科学社会主义等），但政治经济学是明斋教授的偏爱，他如饥似渴地研读了经济学说史和经济学的经典著作，为今后进一步的经济学理论探索打下了坚实基础。1982年本科毕业后，明斋教授选择了继续求学的道

① 习東，管理学教授，河南省职业教育教学专家，曾任中国高等职业教育研究会副会长、河南教育学院党委副书记、中州大学校长、中州大学党委书记。

路，师从著名经济学家周守正先生攻读硕士研究生，主攻《资本论》研究，并于1984年9月以在读研究生的身份参加了业内著名的莫干山会议，发表了一个青年经济学人的真知灼见。他硕士研究生毕业后即全身心投入河南大学的教学和经济学的科研工作，先后担任经济学院院长、河南大学中原发展研究院院长，发表学术论文200余篇，出版专著20余部，主持完成国家社科基金项目5项。可以说，明斋教授是我们政教系78级200多位同学中学问做得最好者之一，同学们都引以为荣。

二是他实事求是、知行合一的学术风格。明斋教授通过自己的不懈努力，收获了大量的研究成果，还有大量的学术性的社会兼职，可以说是著作等身、光环璀璨。但我认为这都不是最重要的，最重要的是他实事求是、知行合一的学术风格。他认为那些既不源于实践，也不能解释实践、指导实践的理论是苍白的，只有从现实出发、能用来指导实践并被实践检验的理论才是管用的理论，他更希望自己的学术研究能对现实经济社会产生更直接的影响。近年来，随着改革的不断深入，明斋教授投入了更多的精力，把重点放在了对河南经济社会发展的研究上。作为河南省委咨询组成员、河南省政府专家咨询委员会委员，明斋教授在世纪之交首先提出并论证了"郑汴一体化"战略，被政府采纳并付诸实施，成为中原城市群建设的突破口；他系统论证了经济结构与金融危机及其影响的关系，受到有关方面的高度重视；在郑州大都市区建设中，他提出了郑汴港核心区的概念，厘清了航空经济与临空经济的概念范畴，明确提出了发展航空经济中科技、创新驱动的具体路径；他是"三化"协调发展及中原经济区战略研究与谋划团队的核心成员，多次参加省委省政府主要领导召开的专家座谈会，就关系河南经济社会发展的重大问题提出意见和建议。正因如此，业内人士将耿明斋教授称为"有社会责任感的经济学人"和"把论文写在中原大地上的经济学家"，我认为是非常贴切的。

三是他真诚友爱、低调内敛的人格魅力。本科求学时代的明斋同学，是一位名不见经传的"小人物"，既没有"官二代"讲话时的颐指气使，更没有"富二代"的骄娇之气，从骨子里透出一股农家子弟的淳朴和善良。他只是默默地读书，潜心地钻研学问，和同学们友好相处。由于他的人缘好，加之学习成绩优异，同学们都愿意与他交往，成为朋友。后来他读了研，留在河南大学任教，当了经济学院院长，遇有同学们回母校相聚时，他总是跑前跑后、热情接待，浓浓的同窗之情溢于言表。再后来，明斋教授成为经济学界的知名学者和省委省政府高层智库的核心专家，但他从不在同学们面前高谈阔论、卖弄学问，充分体现了他“高调做事，低调做人”的人格风范。对待自己的学生，明斋教授更是坚持教书育人、亦师亦友的理念，在学术上给学生指明研究方向，严格要求，一丝不苟；在生活和就业上关心照顾、护佑有加。目前，明斋培养出来的硕士、博士可以说是“桃李满天下”，许多已成为国家的栋梁之材，他们谈起耿教授来，都说他是“受人尊敬和爱戴的老师、兄长、朋友和榜样”。

今年是母校 110 周年华诞，也是明斋教授 70 岁生日，70 加 110 是 180，180 是一个很吉利的数字。借此机会，我衷心祝愿耿明斋教授思想之树常青！生活之树常绿！也祝愿他身体健康，家庭幸福，万事如意！

谢谢大家！

来自基层干部的祝福与感谢

陈广西[①]

我在河南大学所在地——开封市顺河回族区工作了7年，这也是为河南大学实实在在服务的7年[②]。今天来这里有两个目的：第一是祝贺。刚才程传兴书记已经说了今天是四喜临门，在此我就刚才说的“四喜”向耿教授表示衷心的祝贺。第二是表示感谢。感谢河南大学，感谢在座的诸位，更感谢我们敬爱的耿老师对我在顺河区委期间的工作给予的支持。另外，我个人还是耿明斋教授的铁杆粉丝。

我是1978年恢复高考以后考上的大学，后来在河南大学读了哲学专业的在职研究生，拿到了学位。我当过老师，做过包村干部，代理过村支部书记，当过乡农经站站长，当过5年乡党委书记、5年县委组织部部长、2年县委副书记、9年市委组织部副部长、7年区委书记。在我的成长过程中，我给自己的评分是及格，我要感谢耿老师，因为耿老师给了我很大的帮助，在耿老师的指导下我才能达到及格。尤其是我在县里和区委工作期间，耿老师带领工作团队多次到区里开座谈会，深入企业调查研究，为顺河的发展“把脉问诊开药方”，为顺河的发展指明方向、指导规划，这些工作为顺河的科学发展奠定了基础。刚才王群书记说耿老师有担当、有社会责任感，我带头鼓掌。程书记说耿老师理论联系实际，我使劲儿鼓掌。我说耿老师是一个当过生产队队长的经

---

① 陈广西，中共开封市委党的建设工作领导小组副组长，二级巡视员，曾任顺河区委书记。

② 河南大学老校区坐落在开封市顺河区明伦街85号，即今天的河南大学明伦校区。

济学家，他更是一个关注时代发展、善于解决问题的经济学家。我非常敬佩他，也从他那里受益良多。耿老师现在已经 70 岁了还在为社会做贡献，还在搞学术研讨，我认为这才是中国的脊梁、中华民族的脊梁！

今天，作为一个基层干部代表，作为一个粉丝代表，受粉丝朋友们的委托，我带来了当代著名书法家、中国书法家协会会员、河南省书法家协会常务理事、开封市书法家协会副主席刘兆英，以及当代著名画家、中国美术家协会会员、河南省美术家协会理事、开封市美术家协会主席刘艳会两个人专门为耿老师 70 岁生日创作的艺术珍品，请大家鉴赏！

这里，我再次祝贺耿老师健康长寿，祝耿老师的思想之花开出更加绚丽的花朵。

谢谢大家！

第三章 学生心声

老师让我们骄傲，我们也要让老师自豪！

赵继增[①]

刚才各位师弟在争谁是第一届、谁是第二届，我说出来你们也许就不争了。我应该是大师兄吧？我是90级的硕士研究生，1992年5月，硕士研究生还没毕业的时候，就跟耿老师一块儿出来创业，创办了一个证券咨询公司。我毕业以后到证券公司去了，现在在中原证券工作，我后面就是秦卫东他们了。耿老师搭建的这个证券咨询平台培养锻炼了很多学生，有很多人都是从这个平台走出去的[②]。

耿老师虽然不是我名义上的导师，但他是我职业上的导师，也是我人生和事业上的导师。我从个人经历中深刻感觉到，耿老师无论是做学问，还是做人，都是我们学习的楷模！所以我们这些学生们对耿老师都是发自内心地感谢和佩服。

今天这个活动办得很好，昨天我就跟耿老师和王理说，要代表师兄弟们感谢王理做了一件大好事。这是我们想做没有做到的事，也是我们没有能力做的事，今天王理把我们共同的心愿实现了，再次对王理表示感谢！

---

① 赵继增，河南大学经济研究所1990级硕士研究生，现任中原证券股份有限公司副总裁、中原股权交易中心董事长。

② 耿明斋教授在此处补充说："90年代我还有个身份是省内证券投资专家，我的团队最得力的支撑骨干就是赵继增。赵继增是我们省内资本市场发展的见证人，当时河南证券、郑州证券老板都不知道证券交易是咋回事。赵继增一毕业立马就被董事长抓走了。后来我们的学生群里面，很多进入这个行当的都是赵继增举荐、带出来的。"

也借这个机会祝耿老师身体健康，生活幸福！

由于时间有限，我简单说几句，就讲两点，主要是对师弟、师妹们，特别是新生代的师弟、师妹们讲几句话。

第一，我们今天这个活动办得这么好，大家聚在一起，要珍惜我们的同学情、师生情。有这种机会也是缘分，确实很难得，也是我们人生中的一件幸事。刚才同学们都讲了，我们作为耿老师的学生，自己感到很骄傲。在其他地方不说，至少在河南，只要说是耿老师的学生，别人都会高看一眼。刚才同学们讲老师是我们的骄傲，我们自己也应该更加努力。我们要做到什么地步呢？就是能让老师很高兴，或者发自内心地跟别人说："这是我的学生"，也让老师以我们而自豪，那我们就没有辜负老师的期望。

所以我们在工作上，不管什么岗位，一定要向耿老师学习，不断地努力进步。耿老师70岁时还是一个新的节点，我们都是晚辈，我们有很多的机会、很多的时间，所以我们要共勉，要共同努力！

第二，今天我们看到和讲到了耿老师的研究成果，这本书发布了以后，我也看了，耿老师涉及的研究领域很多，所以我在想，我们后面还有很多研究工作要做，希望大家特别是跟着耿老师一起做研究工作的同学，能把耿老师的经济思想从两个方面做得更扎实。

一方面是"向上"做工作，就是能够把耿老师的经济思想系统化、体系化。今年是耿老师七十大寿，再过几年，等七十五、八十大寿的时候，耿老师的思想能够体系化，能够形成一个门派，那才是我们期望的目标。当然，这些我是没有能力参与的，因为我不在学界。刚才我听了大家的自我介绍，在大学工作的同学有很多，在中原经济发展研究院的还有很多年轻的师弟、师妹，所以希望大家多努力。

另一方面是"向下"做工作，就是把耿老师的经济发展、乡村振兴这些理论能够做得更落地一些，把这些理论、思路变成方案性的成果。也就是说，耿老师不但在经济理论上，而且在现实经济生活中都对社会做出了很大的贡献。所以我想这块工作还是需要大家共同努力的。刚才宋教授讲，我们的研究水平跟耿老师比差得很远。但我希望大家共同努力，在耿老师的指导下尽可能地进步。我想耿老师也希望能够多出现一些这样的弟子和学生。如果大家能够做到这个地步，或者做到这个程度，这又是耿老师的幸事，也是我们大家所希望看到的。

前两天我和耿老师在一起时，说到耿老师在这本新书中所写的思想探索。我感觉确实写得很好，真是觉得没多少人能达到这个水平。我从内心真诚地希望耿老师，也希望大家做出更好的成就！

在人的一生中看到大家进步更高兴的人，除了自己的父母，就是自己的老师！

希望年轻的师弟、师妹们，在这方面协助耿老师多做一些工作，把这些理论成就提升到更高的层面。

谢谢大家！

既要传承学术思想，更要传承做人品质

秦卫东[①]

刚才大家在作自我介绍时都在抢耿老师学生中的“第一”元素，我也占了一个“第一”，我们这一届是耿老师第一次作为独立导师招收的硕士研究生。我在2022年元旦读到王理师兄发的文稿邀请函时就考虑也写一篇文章，由于自己的懒惰，一直到最后也没写，很遗憾也很感慨：写出来的69位同学把自己的思想与感悟，以及与耿老师接触的点滴留在了书里，而我却只能把与耿老师相处过程的回忆留在了心里。所以今天借这个机会，我把自己的几点想法给耿老师和大家汇报一下。

我一直在思考，我们作为耿老师的学生，不仅要传承耿老师的学术思想，还要总结从耿老师身上学到的哪些品质是可以传承下来的。对此，我个人认为至少有以下三点：

第一是勤奋。刚才于金富老师和王献立总裁都在讲耿老师的个人奋斗史，从安阳滑县农村走出来的一个孩子，走到今天取得了这么大的成就，最重要的一个因素就是他40年如一日在经济学的教学和科研这个领域，一直在勤奋地干着这一件事。

我于1993年入学，当时耿老师正在研究企业股份制改造和中小企业股权交易，这方面淄博市在全国开展得比较早，也比较好。记得1993年年底，耿

① 秦卫东，耿明斋教授指导的1993级硕士研究生，现任河南省巴陆山智能科技有限公司董事长。

老师带着我去淄博考察学习，我们俩坐火车从开封到淄博，考察完的当天晚上，山东人比较好客，请我们吃饭，酒喝得不少，喝完之后就往火车站赶。那个时候的交通条件跟现在完全没法比，坐绿皮火车根本买不到有座位的票，我们买的是站票。大概是半夜12点左右火车到站，车门一打开，人们都开始往上挤，我当时就推着耿老师从车门帮他挤进车厢，他上车后就把车门旁边座位上的窗户拉起来，我就蹬着车皮往上爬，耿老师伸手用力拉着我才把我从窗户外面拽进去。那天晚上我们在车厢里人挤人地站了整整一夜，第二天早上他又坚持去上课。所以，耿老师能够40年从教从研走出书斋，走向实践，把论文写在中原大地，勤奋是他成功的第一个要素，我认为这也是我们应该从耿老师身上学到的第一个品质。

我还想延伸一点，因为我爱人是郑大的老师，我们两个在家也经常探讨作为大学老师的“内卷”现象，无论是一名普通教师，还是一名教授，竞争是非常激烈的，很多高校对年轻教师搞“非升即走”的政策。如果一个老师想评副高、正高或二级教授，就必须要拿2~3个基金项目，发几篇SCI文章。当然，国家基金项目是很难拿的，2022年我们的同届同学、现在上海财经大学工作的李超民教授就拿了一个国家社科重大项目，前段时间他从上海回来时我们一块吃了顿饭，他专门跟我讲了这20多年的求学与科研经历，也是很艰苦的。由此来看，不管在学校，还是在政界或企业界，一个人要想成功，勤奋是第一要素，我们从耿老师身上就能够很清楚地看到这一点。

第二是坚持。刚才王献立总裁讲到耿老师研究生毕业后就留校工作了，虽然其间他在同济大学有过短暂停留，但总体上一直坚持在河南大学奉献，一直坚持研究应用经济学这一领域，一直在坚持研究河南区域的经济学问题，他的这三个“坚持”也是很重要的品质，也为我们做出了表率。

我们经常说“台上一分钟，台下十年功”。在任何一个行业，一个人如果没有10年的历练是很难成功的，很难达到中等以上的水平，这是一个大概率事件。我刚才在作自我介绍的时候说我可能是耿老师学生中最能瞎折腾的一个人，到目前为止我给自己的定义是：相对超脱的普通人，经历了“政、产、学、研”。我毕业后在体制内干过6年，然后就自己下海做企业了。其间做过投资、干过实业，甚至还开过矿，做的都是些很低端的事。现在搞了个科技公司做工业互联网。我还有一个身份，就是郑州大学聘请我做专业硕士研究生校外导师，学数据科学的学生到我们企业实习。我的人生经历很丰富，但我的每个行业身份都没有超过 10 年，希望我这一次能坚持下来。我们这一届同学中有很多都是在大学或体制内工作，有的成了教授，有的主政一方，成功的同学都是坚持下来的。所以我从耿老师的人生经历中提炼出一点，就是做任何一件事，一定要坚持下去。像我这种不成功的，做事业就是“狗熊掰棒子”。其实不管是在学校里，还是在机关或企业里，一定要长期持续、坚持下来，虽然在成长的过程中坐冷板凳的时候也很多，但一定要坚持！我觉得这是我从耿老师身上应该学习的第二个品质。

第三是宽容。我不知道大家想起耿老师来是什么形象，在我的心中，一想到耿老师，就是他笑眯眯、声音很爽朗的样子。在很多人的印象中耿老师的外表很土气，但我从这很土气的外表下感受到的是朴素、善良、包容和大智慧。所以我总结耿老师的第三个品质就是宽容。刚才于金富老师也说到了耿老师的人格魅力，虽然在学院当领导，但不管对同事还是对学生，他永远都是抱着宽容、真诚的态度，这也是今天能够有这么多人来参加这个活动的一个重要原因。我想耿老师所有的同事和学生都能发自内心地感受到他的这种人格魅力。

当然，耿老师身上还有很多闪光点，我讲的这些也是自己以前想写，但由于懒惰而没有写出来的，借今天这个机会讲出来。作为耿老师的学生，不仅要传承耿老师的学术思想，更要传承他做人的品质！

今年是耿老师七十大寿，我想当耿老师八十、九十大寿再聚会时，我们可能就需要研究他的哲学思想了。前段时间我阅读他公众号的文章时发现，他已经在研究文明的变迁了，很期待耿老师教给我们哲学方面的知识。

我就讲这么多，最后祝耿老师身体健康！

谢谢大家！

感谢大河！感谢河大！感谢大师！

付文阁[①]

各位老师、各位领导、各位学长，大家上午好！

首先表示祝贺！

祝贺母校 110 年校庆！

祝贺经济学院 95 年院庆！

祝贺耿老师 70 华诞！

祝贺耿老师从教从研 40 年！

其次表示感谢。感谢大河，大河是我们河南人的母亲河，哺育了我们；感谢河大，河大培养了我们；感谢大师，大师引领了我们，教导了我们。耿老师应该说是我们河南大学乃至河南省学术界优秀群体的杰出代表，他一直是我们的导师，所以必须感谢他。

前一段时间我请耿老师去了洛阳的大张集团，我们学校在那儿举办了一次企业家游学活动，活动期间，耿老师给我们作了个讲座。我上学时不是个好学生，听课不是那么认真。但这次耿老师讲的时候，我听得特别认真，听完以后着迷了，大张集团的老总也着迷了。晚上喝酒时老总说：“老付，我现在才知道您水平为什么这么高了，因为您的老师水平高！”

耿老师为什么能够引领着我们进步？特别是对我的影响非常大。我这个人

① 付文阁，耿明斋教授指导的 1994 级硕士研究生，经济学博士，教授，现任中国农业大学 MBA 教育中心主任。

学习不是太好，但是有一点做得还蛮好，那就是知行合一。“知”，我不怎么样，但是“行”，我就做得稍微多一点。“明德新民、止于至善”是我们的校训，我特别喜欢“新民”二字，我觉得“新”是要改造别人，并且要身体力行。我觉得耿老师能够做到理论结合实际，然后“知行合一”！大师服务于大河！服务于河大！什么是大师？大师就是要把论文写在大地上！大师就是要服务于我们河南人，为河南发展做出贡献！再一个，为河南大学经济学科做出重大贡献！

所以感谢大河！感谢河大！感谢老师！

下面我汇报一下自己最近的一些研究情况。

我们做农业经济研究的有很多困惑，为什么呢？大家知道我们农业经济管理这个学科发的是什么学位？不是经济学学位，而是管理学学位。但是我们运用的所有知识全部是经济学，所以我们如果仅从经济学意义上理解农业和农业未来发展的话，可能就有点问题。现在我又有点理解为什么经济和管理放在一起了，因为经济学里的农业讲的是种养及其粗加工。如果从这个角度来看农业的话，农业整体未来的发展空间非常有限。19 世纪 70 年代，美国的农业从业人口占 68% 左右，现在美国的农业人口占比连 1% 都不到。我们中国的纯农业占 GDP 的比例是 6. 8% 左右，并且每年都在下降。如果我们提乡村振兴，如果从经济学的角度思考农业的未来发展那就有问题了。因为农业每年都有绝对增长，但是增长率却在下降。

这样就有了 Agribusiness 的概念。那么，饲料是不是属于农业？饲料从经济学意义上讲不是农业，是粮食加工业。但是很多人都觉得饲料属于农业。餐馆是不是属于农业？餐馆不属于农业，是服务业。所以我们在做农业经济研究的时候，如果不对农业有一个全新认识的话，就没办法研究了。Agribusiness 是 20 世纪 60 年代哈佛大学一位教授提出的一个新词，这个词解决了我们对于农业的理解。他从两个角度来理解农业：第一，从产业链到价值链，也就是从田头到餐桌。田头是为了种和养，是粮食的源头。但是粮食到最后怎么办，还得吃，从粮食到餐桌所有的产业链都属于农业。如果这样理解的话，我们研究农业就不纠结了。第二，农业里面有种有养，我帮助你把地种好，我帮助你把猪养好，这些相关的产业也属于农业，这就是 Agribusiness 的概念。

我们做农业经济管理研究的，拓展的最新概念叫食物系统，食物系统的研究现在是我们这个学科最前沿的研究，它将我们的研究领域进一步扩大。食物系统不仅研究供给，即如何实现高效、高产，还要解决营养健康问题。而高效、高产、营业健康问题解决以后，不能把地球祸害了，还有低碳和可持续发展问题。此外，你有吃的，你有喝的，别人不能没有，发生灾难怎么办？这也是我们食物系统要研究的领域。

我觉得未来的农业系统里有三大目标：第一，围绕人，就是食物和健康；第二，围绕地球，你健康了，地球不能不健康；第三，公平，你吃好，别人也有的吃。这就是我们这个学科最前沿的内容，汇报不到的地方请大家批评指正。

谢谢大家！

因材施教培养模式让我们终身受益

赵 晔[①]

耿老师好，各位师兄、师弟、师姐、师妹，大家好！

大家觉得我有点怪怪的，因为我写了一篇文章在《做一个有社会责任感的经济学人——耿明斋教授经济思想述评》一书的第222页，题目是《努力成为跨界好学生》。刚才师兄们在发言中都在争第一，如“第一个耿老师单独带的硕士”“第一个耿老师带的博士”……其实我也要争一个第一，那就是，我们这一届是河南大学经济研究所自招收硕士生以来学生招得最多的一届，一共24名同学，耿老师亲自指导了9名。

我们9名同学联系得相对多一点，从我的感觉来看，耿老师对我们9个人指导的方法是因材施教，充分发挥我们各自的优势。我们毕业后既有从政的，也有从商的，还有从教搞科研的。我们几个人都很感谢耿老师，因为他很清楚我们各自的优劣势，同时针对我们的优势进行差异化指导和培养，正因如此，我们才能够为社会做出一些贡献。如果没有耿老师因材施教的培养模式，我们就可能会在工作和生活中、在人生的各个阶段走得比较曲折一点。所以，我觉得跟着耿老师学习以后，我们一定是在各自的人生规划和发展中走了捷径，感谢耿老师的培养！

虽然毕业了这么多年，我们与耿老师的联系一直没断，并且还都在陆续地

---

① 赵晔，耿明斋教授指导的1994级硕士研究生、2013级博士研究生，现任杭州两宋文化传播有限公司董事长、浙江百年老字号研究院执行院长。

参加耿老师主办的论坛和一些学术活动。1997 年硕士研究生毕业后，我在一家国有大型企业上市公司做管理工作，多年后，由于个人喜好，合同期满我就主动辞职去杭州市佛教协会和中国国际茶文化研究会工作了，从事禅茶文化研究与传播。其实我还是在做“跨界”管理实践与探索，因为很多管理理论都需要大量的实践，所以，我们搞了禅茶文化研究论坛，出版论坛丛书，同时还接管了灵隐寺的茶园，从“禅茶”的品牌、设计、宣传，一直到营销，设计了一整套实施方案，并亲自执行，取得了比较好的影响，受到了佛教界、文化界、艺术界以及学界的广泛重视与高度好评。我们的“禅茶研究中心”把中国的禅茶及禅茶文化理论与实践提升到了一个新高度，2008 年，我们做的一个“禅茶乐对话”活动被中国人民政府网转载，这也是佛教文化宣传报道在改革开放后第一次被大篇幅转载，因为在此之前相关媒体对宗教的宣传还是比较谨慎的，和尚穿着袈裟刊登在报纸上还是少见的。特别是这几年，我一直从事茶文化研究，希望有机会可以和大家好好交流，更希望能够在耿老师的指导下不断学习、不断进步。

我在对泛文化进行研究的同时，与年轻人打交道比较多，因为杭州的互联网经济非常发达，年轻人很有创造力，最多的就是“80 后”的网络精英。我们也投了一个比较小的线上销售公司，现在的销售业绩还比较好。

我希望老师和同学们能够多举办类似今天这样的活动，最好是不定期、不固定在某个节点上举行，每次活动都有一个主题，这样的话，我们大家可以经常相聚、沟通，聚不到 200 人可以聚 100 人、50 人或者 30 人。希望王理师兄能够继续指导策划这样的活动，也谢谢王理师兄！

最后，我要再一次感谢耿老师！

祝耿老师身体健康、学术之树常青！

学术典范 工作榜样

郭兴方①

会议预定17：00结束，现在我们会场所有人都不愿意离开，都想多说两句，我和大家的心情一样激动，也借这个机会表达一下我的想法。

我是耿老师1996级的学生，1999年硕士研究生毕业留校，虽然中间在外面也进行过不断的学习，但是一直在经济学院工作。2018年我调到了国际教育学院，我的办公室就在这个会议室的楼上，欢迎大家随时找我沟通交流。

我整个的人生、整个的家庭，都有河南大学的元素，我的成长是跟着耿老师、于老师这几位老师学习转变的，我简单谈一下耿老师在学术上的贡献。

第一，像我们河南这样的欠发达地区，是资本最稀缺的地方，耿老师从1993年就开始做资本市场研究，鼓励企业上市，把全世界的资金引入河南。我觉得这个眼光非常独到，在当时的国内也是非常少的，特别是欠发达地区资本市场平台的选择与运作更是难点。1996年我来读硕士研究生的时候，就开始跟耿老师一起做河南省场外交易市场，就像现在赵继增赵总他们的市场一样。当时国家怕资金分流，是不允许地方到处搞资本市场、搞平台的。所以现在总结起来，应该说耿老师是在我们河南第一个推动资本市场发展的专家。

第二，他一直关注农区的工业化问题，也就是农耕文明到工业文明、到我们未来的数字文明，并坚持持续不断研究。这一点我觉得耿老师在我们中西部

① 郭兴方，耿明斋教授指导的1996级硕士研究生，曾任河南大学经济学院副院长，现任河南大学国际商学院副院长、河南省政协委员。

地区经济学家里是非常有代表性的。可惜非常遗憾，我自己这些年来不是很努力，没有把老师的精神和境界传承下去。

另外，我爱人是1998级的硕士研究生，也是耿老师的学生，所以说我们两人从进入河南大学经济学院一直工作到现在，感觉到我们学院能够走到今天，离不开许老师、耿老师的传承，这是一个主要因素，现在我们的宋院长还在经济学院这个平台继续奉献，这样才能够给大家提供一个相对宽松的环境，从这一点我真的感觉到做学问、搞研究不是一朝一夕的事情，它需要长时间的思考、长时间的积淀，虽然最后有可能会得出一个错误的结论，甚至有可能会失败。现在经济学院给大家提供了这样一个开放包容的舞台，你如果有能力，你的能力如果很强，在我们经济学院可以像鲜花一样绽放。如果你想偷懒、调皮，也行，在这里也会过得很舒坦。我觉得这种环境有西方大学的气氛和气派。

今年是耿老师七十大寿、从教从研40周年，又是我们河南大学110周年校庆，在外面耿老师总说我是他留在河南大学的大弟子，但是我做得非常不够，今天我在这里，在这个场合对耿老师说一声“对不起”，以后我会继续努力。

另外，我要对师兄弟和同学们表一个态，你们走到祖国各地，甚至世界各地，什么时候回来了，回到河南大学了，我在这里做一个联络员，我们可以交流交流，喝喝小酒。

谢谢大家！

励精图治　光大师门

周　晔[①]

刚才大家都讲了在耿老师师门的学习工作情况，我想就如何让我们师门发扬光大的问题和大家交流一下。

我们河南大学中原经济研究院在耿老师的指导下取得的成绩是很辉煌的，但是我想说这些成绩已经是过去的事情了。我们如果想进一步发展，就要打出更响的名声。具体来说，我的想法是在国内经济学界应该有我们的一席之地，而这要靠我们师门所有同学的辛勤工作。

现在北京的学术竞争是非常激烈的。到什么程度呢？我们首都经济贸易大学现在实行“非升即走”模式。我曾经在一次春节前的下午到学校办公室转了一下，依然有3～5位同仁在那里做研究。我想告诉师弟、师妹的是，这些外省市的学术同仁其实已经很优秀了，他们都这么用功，我们河南大学的师弟、师妹们应该拿出更强的韧性与我们省外的同仁去竞争。我记得当时我读书的时候，我们那一届的同学都非常用功。我的师弟章元考博的时候，每天中午吃完饭趴在课桌上休息大概20分钟，然后就开始学习，他每天学习的时间绝对能保证在15小时以上，除了睡觉，基本上都在看书学习。我当初在河南大学图书馆学习的时候，还经常遇到宋院长，有幸能和宋院长同桌学习。

我认为我们河南大学的学生有两个优点：第一就是大家有一种坚韧的精

① 周晔，耿明斋教授指导的1998级硕士研究生，经济学博士，教授，现任教于首都经济贸易大学金融学院。

神，第二就是咬住问题不放松。所以我希望大家要充分发扬我们坚韧的精神，一年不行做两年，两年不行做十年，十年总是有积累的，总能发表一些不同于其他人的新颖观点或学术成果。当初同届的张良悦、郭春丽和赵涛等同学，天赋并不比在座的各位更好，但是他们持续努力，现在都有很好的发展。我们耿老师师门要想发扬光大，很重要的一点就是靠我们这些年轻的师弟、师妹去做出成绩，包括我在内也要继续努力。同学们都很优秀，但我做得很一般，我也比较惭愧。我已经 50 岁了，而耿老师今年 70 岁却依然是人生的新起点，笔耕不辍，频频为国家和河南省的发展建言献策，所以我也希望能继续以耿老师为榜样，将 50 岁作为自己的新起点，希望以后做出更多的成果，为耿老师争光！同时希望同门的师弟、师妹们拿出更加坚韧的战斗精神，无论是在实务界还是学术界，能做出更大的成绩，光耀我们的师门！

我就说这些，谢谢大家！

知识改变命运

宋　良[1]

按照顺序本来轮不到我发言，王理师兄点我基于以下考虑：一是我个人的经历跟大多数在座的同门有点区别，因为我不在高校系统内。二是我的本科是在河南大学经济学院读的，硕士也是，一直是耿老师的学生。应该说是河南大学培养了我、塑造了我。虽然我不是河南人，但是我一直觉得我是半个河南人，尤其是半个开封人，因为我最好的青春时光是在河南大学度过的。

从个人成长道路来讲，我对河南大学感情非常深。我本科毕业后在上海工作了两年，记得考研之前，我在上海还专门去同济大学拜访过耿老师。说起这件事，应该说耿老师从同济大学又回到河南大学，我还有点过意不去。因为耿老师上海的家是我帮他搬回开封的。记得当时我跟王志乾老师和师母3个人一起从上海把耿老师的家具全部打包装集装箱搬回来，所以印象很深。后来我决定辞职回来考研，跟98级的师兄妹们一起复习了一段时间。

跟着耿老师求学这10多年，是我整个人生非常重要的时光，应该说，本科和研究生是截然不同的两个阶段，至少从我们那几年的同学后来的回忆和感悟上讲，完全是人生两个不同的跨越。耿老师带学生的特点就是因材施教，不会因为自己的研究方向而对学生有学术方向上的限制。他对我们的要求非常开放，你想学什么、想在哪个方向上下功夫，都可以。而有的导师有自己研究的

① 宋良，耿明斋教授指导的2002级硕士研究生，现任浙江环宇建设集团董事长。

方向，就要求学生必须往这个方向走，但耿老师完全不是这样。他要求集中上课的时间也不是太多，给我们充分的学术自由。在这 3 年里，主要是集中在前面两年，是我人生阶段读书读得最多的两年。所以我所有的学术水平、学术思想和勉强称得上的学术追求，或者是对知识的理解、对社会各个方面的理解，都应该是在这两年奠定的基础。所以我觉得，读书改变命运的确是真实存在的！虽然我目前不在学术界，但是从做企业的角度来讲，我觉得这几年的学术生涯对我做企业的整个阶段是有非常重要的帮助的。耿老师能把学术研究和社会经济实践充分结合起来，并且取得了大家公认的成就，这对于我们学生而言是非常重要的言传身教。作为学生，我也不断提醒自己要持续学习并把知识应用于实践，可以说耿老师的言传身教让我受益终身。

我现在从事的是建筑行业，我们的规模较小，基本上就是 50 亿 ~60 亿元，现在还能够维持这个规模。

我对这个行业的判断就是，在目前中国的投资模式下，不能对房地产业介入太深，否则一定会出问题。

未来这个行业怎么走，很迷茫。现在整个民营建筑企业工人梯队老龄化很严重。现在所有的现场建筑工人，40 多岁就是年轻的，40 岁以下的凤毛麟角，几乎很少看到。建筑行业是个非常古老的行业，它不会消失，始终会存在的。但是在行业变化过程中，我们必须想办法去适应变化、去调整、生存下来。

我非常感谢这 3 年的研究生生涯，如果没有这 3 年，把我放在企业这个位置，我一定干不好，而且特别是像建筑这么难干的行业，利润低，资金压力大，风险也高。这个行业很难干，但是又不得不干，企业转型太不容易，只能顺应这个行业转型，所以必须要有理论来指导。没有理论指导，没有强大的知识储备，企业只能越做越迷茫，也做不好。

我就讲这些，最后热烈祝贺河南大学 110 周年校庆！

祝贺河南大学经济学科成立 95 周年！

祝愿耿老师身体健康！

追随智者思想　从现实出发探寻真理

宋　伟[①]

刚才同学们都在谈“第一”的问题，我也有，我是咱们经济学院招的第一届经济学博士。

我的学科背景是理工科，本科学的航空发动机专业，硕士研究生阶段开始学经济学。因为有理工科的学习经历，所以我一开始学经济学就觉得很多东西解释不了现实，非常困惑。后来接触到西方经济学，觉得好像西方经济学反倒解释起有些东西来比较顺，但还是有很多现实问题解释不了，带着这样一个认识，我回到了河南，到省委党校工作。我们在省委党校天天接触的都是现实问题，经常陷入用经济学理论无法解释很多东西的困惑。

读博期间，我听过耿老师很多次课，跟着耿老师参加过很多次社会调研和学术论坛，但是对他有一次完整给我们讲农区工业化思想那堂课记忆尤深，那堂课对我的影响至今都非常大，因为从此我明白了我们的研究既不能照搬照抄马克思主义经济学，也不能完全模仿西方经济学，只能从现实出发。我记得非常清楚，耿老师告诉我们现实存在的问题之所以能够持续存在，一定有它存在的基础与合理性。我们不是说学习过的经济学理论不对，而是要立足现实，从现实中寻找问题、梳理问题，分析这个现实到底是怎么样的、为什么会发生这些问题。我们可以利用现有的经济学理论，构建一个新的，与传统西方经济

---

① 宋伟，耿明斋教授指导的2006级博士研究生，教授，现任河南省委党校经济管理部副主任。

学、马克思主义经济学都不一样的学术框架和思维框架去解释我们遇到的现实问题。这是耿老师那堂课对我触动最深的地方，我想这也是耿老师这么多年一直讲中国式现代化道路的重要价值所在。

中国改革开放 40 多年的成就很大，但是问题也是客观存在的。在这种情况下，我们中国式的现代化怎么走？我们要总结过去哪些路走对了、哪些问题出现，最终构建起我们中国的，也叫中国式的哲学社会科学体系，从而指导中国的发展。耿老师引导我走上了这条路，我觉得一直到现在，自己还在往这方面努力。我觉得我是所有学生中跟随耿老师的时间比较长的。从 2006 年入学到现在，我一直在追随耿老师的思想，分析我们的区域发展，尤其分析我们河南发展的现实问题。所以，我特别感谢耿老师，没有耿老师，我也不可能走上这样的道路。

不得不说，我虽然追随了耿老师这么多年，还是感觉追不上。因为什么？大家今天都听到了耿老师说自己虽然 70 岁但还是再出发的状态，他的思想从来没有停止工作，更没有静止在过去。过去的很多认识不是很合理，已经在不断更新，而我们的现实在不断发展变化，我们的认识、我们的理论，包括我们的战略策略，实际上都在不断进步。所以我虽然一直在跟随耿老师，但总是跟不上。在这里我表个态，我要继续跟着耿老师学习更多的东西，争取不给耿老师丢人！因为河南经济学界的同仁都知道宋伟是耿老师的学生。

我就说这么多，祝耿老师身体健康！

以服务地方经济为学术基点

张　纪①

我非常珍惜这个机会，能回到母校向老师表达敬意。

我在河南科技大学工作，昨天宋丙涛院长给我打电话问我能否参加学院举办的校庆活动，由于时间和工作上其他安排的冲突，我向宋院长表达了歉意，说我参加不了。今天早上邓书斌师妹打电话问我咋没来，我才知道今天这个校庆活动是给耿老师办的研讨会，我就抓紧时间把工作安排一下，从洛阳开车两个小时赶到咱们会场来表达对老师的深深敬意，我非常珍惜这个向耿老师表达敬意和与各位师兄弟交流的机会。

我的老师耿明斋教授，在我的学术成长历程中，在学习、工作等方方面面给予我很多指导，在此我要向老师致以诚挚的感谢！

我是耿老师的粉丝，也在很多方面学习他的做法。耿老师对河南区域经济建设的贡献非常大，大家知道“郑汴一体化”就是耿老师首先提出来的，他对“建设中原城市群核心区”“航空经济港综合实验区”等一系列河南省重大战略研究都做出了贡献。

我在洛阳出生，在洛阳成长，又长期工作于这个城市，对洛阳充满了感情，了解洛阳的同志们都知道，洛阳在近些年的发展过程中遇到了很多问题，整体发展形势很不好，与郑州的差距在不断扩大。20 世纪 80 年代，洛阳一个

① 张纪，耿明斋教授指导的 2012 级博士后，现任河南科技大学区域经济发展研究院院长、商学院副院长。

城市的 GDP 就相当于整个广东省，在全国的工业经济版图里也有一席之地。2002 年我硕士毕业来到当时的洛阳工学院从教，也对洛阳产业发展做了长期的跟踪研究。我个人认为洛阳近年来发展不好的主要原因之一就是洛阳缺乏耿老师这样的真正去认真研究洛阳经济发展、潜心去服务地方经济发展，并能够得到地方政府支持的学者。耿老师也鼓励我去深入研究地方经济。2017 年，我出版了一本书——《基于产业视角的洛阳经济发展研究》，在这本书出版之际，我邀请耿老师作序。耿老师欣然应允，在序言里老师鼓励我们："河南经济发展需要更多学术功底扎实、受过系统科研训练的年轻学者走出书斋，走进社会，探索真问题，提供实用的解决方案，助力经济社会发展，也提升河南学术在全国的影响力。"字里行间都充满着对学生服务地方经济的殷殷期待，也鼓励着我在学术研究的道路上不断求索。

2020 年，我们学校要筹建一个服务洛阳经济发展的研究基地，我提出要建洛阳发展研究院，这正是受到了耿老师建设中原发展研究院的启发。由于领导的视角不同，洛阳发展研究院后来改成了区域经济发展研究院，但是我仍然觉得取名洛阳经济发展研究院更好，更有利于学者专注地深入研究洛阳经济发展，我对洛阳这座城市有着深厚的感情，在这方面与耿老师有共同之处，耿老师对河南省经济发展的专注也是基于他对中原大地深深的爱，耿老师永远是我学习的榜样。

近年来，河南科技大学区域经济发展研究院一直在为服务洛阳地方经济发展做一些基础性工作，有一些工作也得到了市委市政府领导的肯定，我也备受鼓舞。用耿老师的观点与诸位共勉："作为一名学者，脚踏实地，以服务地方经济为自己的学术基点，无论对个人的成长还是对地方经济发展，都是有利的。"

今天我们欢聚一堂，为我们的老师耿明斋教授祝寿，有感而发我写了一篇小文，附在后面与诸位分享。

再次感谢耿老师的教诲！

祝耿老师生日快乐！

感谢河南大学经济学院的邀请，谢谢大家！

附：

一名教师的人生感言

2007 年，我博士毕业后重新回到河南科技大学的教师岗位，在给本科生上的第一堂课上，我说：“阔别三年，重新回到课堂，这里是我的人生舞台……”三尺讲台虽小，却容纳了我所有的人生追求和抱负。站在这里，看到的是一双双充满求知欲望的眼睛，一如当年的我。

教师不单是一种职业，更是一种事业。尼采说：“人惟有找到生存的理由，才能承受任何境遇。”而这“生存的理由”，就是我们常说的“人生目标”或“理想”。我是被一批批各阶段的老师教化了的“师道尊严”的虔诚信徒，成为教师是我的理想和我为之奋斗的目标。因为，我心中盛满了老师对我无限的爱与我对他们无限的敬仰；因为，再没有一个职业如教师一般，能把这种宽广无私的爱传递下去。人生的目标在于不断追求，人生的价值在于不断奉献。一个眼神、一个轻微的动作，我都希望能在学生的心弦上弹出美妙的音符。选择成为教师，即选择了无私奉献。即使是负担，也是甜蜜的负担、快乐的负担！

岁月无语，聆听春的气息；思绪飞扬，回首感慨万千。“教育”于我，早已不再仅仅将其作为一门职业、一个手段、一项工作、一件事情来看待，来处理，而是成为自己人生的一部分来感悟、来体验、来充实、来完善。我挚爱着我的事业，挚爱着我的学生们：他们青春洋溢的身影，仿佛是跳动的音符，给我的生活带来了快乐；他们渴求知识的双眸，仿佛是无声的激励，让我无怨无悔，不能懈怠。

教育需要责任，成才是学生对老师的最好报答。学习对于学生的重要，不在于它可以获取文凭，而在于它是实现理想、追求兴趣的必由之路，是为了让自己的一生有意义，为了让自己获得最大的满足和快乐。学生从老师这里获得的，不仅要有公式定律，更要有岁月在你心灵中沉淀下来的东西——那些人生的态度与智慧。

教育需要体验，快乐幸福是教育的主题。每一位学生都是好学生，永远用欣赏的眼光看学生，永远用宽容的心态面对学生。一句温馨的赞美，可以让人保持愉快的心情；一声真挚的鼓励，可以让人激发昂扬的斗志。当然，这样做的唯一前提是，你必须具备一颗充满爱的心。以身示范，情感育人，不挫伤学生自尊，尊重学生人格，及时发现学生的闪光点，真诚地赏识他们，建立起“尊师爱生”的融洽关系。

教育需要活力，需要生命的激情与灵动。在社会发展越来越快的今天，知识更新换代的速度也越来越快。只有教育理论是不够的，我们还必须学会应用；只有远大的目标是不够的，我们还必须付诸行动。如果不能持续学习，就无法不断地提高自己；如果不懂得终身学习的道理，不掌握真正有效的学习方法，就无法在今后的工作中跟上时代的节拍。在整个人生的过程中，只有如此不间断地更新自己，保持自己的敏锐和热情，坚持不懈地学习新的知识和新的方法，把每一天、每节课都视作新的开始，一种全新的知识更新，多样化的智慧创新，才能与时代的发展保持同步。

教育需要感动，感动自己，感动学生。勤勤恳恳做事，为他人的幸福而工作；堂堂正正做人，以身作则提升自己的修为，达到自身的完善。人应该永远拥有两样东西：一盏永不熄灭的灯——希望之灯，一扇长开的窗——接纳之窗。欣赏别人的优点，包容别人的缺点，尊重别人的隐私，使自己的人生变得更快乐。

谨以此文，衷心感谢我敬爱的老师耿明斋教授！

能成为耿老师的学生，是我人生莫大的荣幸与骄傲；先生为人师表的风范，是本文感悟的来源。

第四章　主人公寄语

我愿意把70岁作为我人生新的起点

耿明斋

各位领导、老师、同学、朋友：

非常高兴在河南大学110周年的校庆日，能够和大家相聚在河南大学郑州龙子湖校区的九章学堂，这是以科学家赵九章先生的名字命名的学堂，据我所知，也是河南大学新校区最好的一个学术讲台。我要说的也是三句话：感谢、祝贺和展望。

首先是感谢！

感谢各位同仁不远千里，克服重重障碍，特别是北京来的同志，回去都要忍受一个星期的隔离，宁可忍受隔离也要赶到这个场合来，让我很受感动。

感谢今天来这里演讲的各位嘉宾给我们带来了前沿的学术思想。今天我们以这样一种形式来纪念河南大学建校110周年，来进一步丰富我们河南大学经济学科这一块学术的沃土。

感谢今天来的各位同志对我个人的表扬、赞誉。郭军会长好像给我弄飘起来了。我是个俗人，我觉得我最大的优点还真是有一份社会责任，有一种老黄牛的精神，不好高骛远，脚踏实地做点自己力所能及的事。时间长了，都会有点滴的积累。

感谢经济学院借河南大学110周年校庆之际组织这么一场与我的学术思想相关的学术活动。宋丙涛教授和其他领导非常用心，专门组织团队筹划运作了很长时间，他在百忙之中对新书的编辑和出版工作投入了很多精力，还专门撰写了一篇高质量论文，序言部分也是他亲自邀请蔡继明教授撰写的。

感谢我们各位同学的热烈响应。我看王理组织的同学群有超过200个人加入，直接参与新书写作的就有69人，规模很大。王理的投入让我很感动，我写的文章他也改了一个星期。柴森组织了很多材料，刘琼做了很多与编辑的沟通工作，所以这本书的整体水平很高，连责任编辑都被感动了，编辑说从来没有见过学生们为自己的老师下这么大功夫，一定要把新书做成精品。今天新书发布的仪式上本来安排了编辑发言，后来由于北京疫情没有成行。

其次是祝贺！

今天是河南大学110周年的校庆日，正式的校庆日是明天（25日），因为我们要与河南大学校方的活动错开时间，所以我们院长、书记选了今天这个日子，我觉得非常好。刚才同志们介绍我的时候也讲了，在河南大学工作40年、学习7年，我说我这一辈子不管是学习还是工作，就是被河南大学熏染了一辈子。作为一个老河南大学人，我也具有了河南大学文化符号的意义，从某种意义上说，多年来，河南大学的优点和缺点可能在我身上都体现得比较充分，对这所学校既爱又怨。爱是因为河南大学是一片学术的沃土，我跟很多同志讲过，我说高等学校为啥讲历史，因为有历史才有积淀。当然现在很多学校夸张地把历史推到千年，肯定也是不好的风气。高等学校讲积淀，因为学术是一种文化，育人是一种文化，是一种价值观，是各个层面的知识汇集、凝结，虽然你看不见、摸不着，但是你会受到熏染。所以河南大学作为河南省最老的一所大学，也是全国的老大学之一，能够在河南大学受熏染一辈子，对于一个人来讲，对于一个从事教育和学术研究的个体讲，也是一种机遇。从这个意义上讲，也是一种幸运。

但是也正因为河南大学的古老，而且很长时间处在中国社会现代化进程的边缘地带，所以它的发展也受到了很大约束。我老说一句话，河南大学是一个可以培养大师的地方，但是却容不下大师，大师长成以后都流失了。我们这一代流失的大师，仅我们这个学科或者相关学科的随便数数就有十个八个，比如张曙光先生，在哲学界绝对是国内一流学者，但是流失了，而且是很不情愿离开的。他走了一年后给我打电话说了半天：“别轻言走！流动成本很高！”但是当我2001年流动到同济大学的时候，他又给我打电话讲了一个小时，说：“耿明斋，这是你人生的最后一次机会，千万不要回去！”我很吃惊他态度转换得这么快，这么彻底。当然我最后还是没听他的劝告，听到河南大学的召唤后又回来了。所以我说我是中原的文化符号，人走了，但心却离不开，总觉得这个地方还留下点什么让自己放不下，所以最终还是要回来。还有河南大学文学院的解志熙到了清华大学，研究胡适的专家沈卫威到了南京大学。其实我的同窗蔡继明教授当年也未必一定要走。

所以，我期待河南大学移到我们中原的中心城市郑州以后，把这个短板给补上。因为总有人认为河南大学还是应该坚守在开封办学，理由就是耶鲁大学、剑桥大学和牛津大学等世界名校全都在小镇上办学。但是在中国能找到一个在小镇上办成名校的大学吗？我们今天讲经济学时，一直强调制度不一样，体制不一样，资源配置的方式也不一样。我们中国特色的社会主义市场经济是政府主导资源配置的经济，其中包括大学的资源配置，所以让我们欣慰的是，河南大学经过几十年的循环，又到了省政府脚下，我想这对于河南大学的发展具有里程碑意义。

卢克平书记有一天晚上九点多敲我家的门，因为我们是邻居，他说省委书记想让河南大学作为“双航母”来发展，让我作为一个任务来研究一下“双航母”发展问题。我们在王永苏主任的支持下，成立了“双航母”发展课题组，虽然磕磕绊绊，但前天卢克平书记讲课题组还得继续运行，河南大学在新的发展起点上确实还有许多战略性的问题需要研究。我觉得发展的基本点还是河南大学的学术需要交流，需要开放，需要有更广阔的视野！而现在的郑州龙子湖就可以提供这么一个非常好的空间。

最后是展望。

河南大学发展的话题不说了，今天我其实一直在享受着做老师的幸福感。随着自己年龄的增长，看着学生们在不同领域不断地发展着各自的事业，这种幸福感越来越浓。客观上讲，现在教师的地位也好、名利也好，有一多半都是学生们给自己带来的。所以我就说师生关系非常像家里父母与孩子的关系，如果孩子不争气，父母就受累一辈子；如果孩子优秀，谁见了都说这个孩子的父母厉害。实际上，老师厉害是因为学生厉害，特别是到了我们这个年龄，感受非常强烈。所以我今天看到我们的学生感觉很幸福，不管是入学早的还是入学晚的，不管是在哪个领域做哪个行当，都做得比较顺利，都在不断地往前发展，这也是我们集体的荣誉。

作为一个生命个体，我到了这个岁数，越来越强烈地感受到学无止境。早年我读毛泽东的著作时记得他曾说：“我一生最大的爱好是读书。”《礼记》讲

“学然后而知不足”，的确，知识这个东西你了解了才知道自己知道得少，才知道自己的渺小，一个人学问越大就会越谦虚，凡是自己觉得了不起的学人都不是真学者。所以我们有一句共勉的话讲“活到老学到老！”我相信我的同代人都有这种感觉，在座的后生们到了一定年龄肯定也会有这样的感觉。学无止境和学然后知不足是我几十年的经验积累和一种感受，我愿意说出来给大家分享，这是真心话。人生在世，社会前进的动力就是不断给每个社会成员诱惑和压力，推动大家努力进到更高的一层，然后再往上可以看到更高的地方去奋斗，这也是一个社会自我发展内在积累的过程。

所以从这个意义上讲，我愿意把70岁作为我人生新的起点，在以后人生的道路上不停步。不同的人生阶段有不同的内容形式，比如我们的同学们现在可能在各自的岗位上还在为赚钱养家、评职称和提升职务去努力，当然这些事情是非常必要的，也是要努力拼搏才能完成的。但是从人生的本质这个层面去思考，实际上这些都是身外之物，都是次要的，人生的本质是让自己活得更快乐、更心安、更心静。所以说，放下各种各样的纷争，做自己感兴趣的事，做自己愿意做的事，日积月累，自己的幸福指数也就会越来越高。我们现在有一个活动，每个月举办一次，还比较靠得住，主题是农耕文明的现代化转型。前天李庚香主席举办了河南省社会科学学术年会，我做了一个关于中国式现代化的演讲，梳理了文明演化的过程。孙德中对我说：“您一旦切入我这个领域，我都没话说了。”我知道他是在鼓励我，但我想说的是，人的生命在于运动，而知识分子的大脑在于思考。我们现在不求名，更不求利，倒是求自己把自己疑惑的问题通过读书、交流弄明白。如果我们更多的人都成了明白人，我们整个民族、整个社会就会不断进步！

最后祝各位同学、朋友做出更大的成就，人生事业双丰收！

我说完了，谢谢各位！

第三篇

场外声音

第五章　媒体报道

经济学院举办区域经济高质量发展论坛暨耿明斋教授学术贡献研讨会①

9 月 24 日，在喜迎河南大学 110 周年华诞之际，经济学院与中原发展研究院在郑州龙子湖校区九章学堂报告厅联合举办了“区域经济高质量发展论坛暨耿明斋教授学术贡献研讨会”。与会嘉宾就区域经济高质量发展及耿明斋教授的学术贡献进行了深入研讨和交流。校党委书记卢克平，省社科联党组书记、主席李庚香，中原银行董事长徐诺金等省内外领导及知名专家参加了研讨会。经济学院党委书记田歧立主持开幕式。

卢克平发表致辞。他代表学校向参加论坛的各位领导及来宾表示热烈的欢迎和衷心的感谢，简要介绍了河南大学的办学历史、发展成就与现阶段奋斗目标。卢克平指出，今年是河南大学建校 110 周年，也是河大经济学科设立 95 周年，经济学科具有深厚的学术积淀、优良的学术传统及丰硕的社会服务成果，培养了一大批优秀的经济学人才。他介绍了耿明斋教授的求学经历、学术成就及在服务区域经济高质量发展方面取得的突出成绩。他希望，通过与会领导和专家的共同努力，更好地推动经济学科的建设，为区域经济高质量发展贡献更多智慧和力量。

① 本文摘自河南大学网站 2022 年 9 月 25 日、河南大学经济学院网站 2022 年 9 月 26 日的新闻报道，原文详见 https://news.henu.edu.cn/info/1083/121218.htm 和 http://jjxy.henu.edu.cn/info/1040/4686.htm。

经济学院院长宋丙涛回顾了我校经济学科的四个重要发展阶段，并重点介绍了河南大学经济学科国际化与本土化相互融合的发展历程及发展路径。广东金融学院经贸学院原副院长王理介绍了《做一个有社会责任感的经济学人——耿明斋教授经济思想评述》的写作过程及内容构成。在开幕式上，宋丙涛与中原银行专家咨询委员会副主任委员范大路分别代表河南大学经济学院与中原银行签订了合作协议。

在学术研讨环节，徐诺金作了题为《加快银行数智转型助力经济高质量发展》的学术报告。李庚香就河南区域经济高质量发展提出了一系列思考及建议。省委原副秘书长、省直工委原书记王群分享了自己将经济学理论知识应用于工作中的生动实践。河南报业集团副总裁孙德中归纳总结了耿明斋教授区域经济发展思想。省政府发展研究中心原主任、省委咨询组秘书长王永苏就进一步激发民营经济活力提出了中肯的建议。河南农业大学原党委书记程传兴归纳总结了耿明斋教授的重要贡献，分享了关于县域经济高质量发展的思考。河南财经政法大学副校长刘荣增就区域经济高质量发展提供了一些新的思路。郑州大学商学院执行院长王海杰分享了关于郑州都市圈能级提升的思考。《郑州大学学报》主编李燕燕分享了对宏观金融领域一些重要概念的反思。中国农业大学 MBA 教育中心主任付文阁作了关于农牧行业发展的报告。河南省经济学会副会长兼秘书长郭军回顾了与耿明斋教授的交往经历及耿明斋教授的突出贡献。

9 月 24 日下午，与会嘉宾及部分校友在郑州校区友兰学堂南楼 A 座 206 室召开座谈会，就区域经济高质量发展、河南大学及河南大学经济学科的发展进行了深入的研讨。

把论文写在中原大地上①

最接地气的一个，面向现实，给现实问题开出自己的药方。

——王永苏

他不仅仅是把论文和学术研究写在自己的书斋里，更写在中原大地上。

——王理

一句话，做一个有社会责任感的经济学人。

——耿明斋

一

古人云：“人过七十古来稀。”一个人在70岁时，还能做些什么呢？

2022年9月25日，河南大学110周年校庆。在经济学院举办的“区域经济高质量发展论坛暨耿明斋教授学术贡献研讨会”上，古稀之年的耿明斋带来了学生为他汇编的新书《做一个有社会责任感的经济学人——耿明斋教授经济思想述评》。

① 本文摘自大象网2022年9月30日的河南信息广播文字，王红策划撰稿，李姝奇、王博、高峰采访录制，杨强、刘晓峰播音，鲁焰、周畅视频制作，原文详见 https://www.hntv.tv/rhh7087517698/article/1/1575701139472343041。

本以为这是一本深奥的学术著作，不料细细读来，却从中看到了不少感人至深的美文。一篇篇文章栩栩如生地将一个把论文写在大地上的经济学家呈现在眼前。

王琳丽是郑州航空港区郑港办事处山石王村一位土生土长的枣乡姑娘。从挎着篮子沿街叫卖，到拥有自己的公司、自己的品牌，每年利润几百万元，王琳丽的个人成长伴随着郑州航空港的诞生和发展。

2013 年 3 月，《郑州航空港经济综合实验区发展规划（2013—2025 年）》获国务院批准，这是全国首个上升为国家战略的航空港经济发展先行区，郑州由此从内陆城市走上发展航空经济、国际物流中心的“快车道”。

一部由全球十几个国家上百家公司组装完成的苹果手机，一条刚从苏格兰空运而来的三文鱼，或者一款刚在美国上市的抗癌药……“航空经济”的发展不断重塑着城市的轮廓和命运。

郑州大学教授、博士生导师李燕燕这些年一直跟着耿明斋做研究。从高屋建瓴的规划蓝图到一步步落地生根，最终惠及无数人，翻开《航空经济概论》一书，可以清晰地看到他们夙兴夜寐的探索心路。

李燕燕：“一个国家中心城市如何做大做强？我们率先提出来的航空经济这个概念，定位在一种新的经济形态，而不是一种空间区域的概念。”

1993 年，党的十四届三中全会正式提出“我国经济体制改革的目标是建立社会主义市场经济体制”。作为一种史无前例的体制，在建设与完善过程中各种问题接踵而来。

中原地区如何在新的体制环境要求下实现乡村振兴，县域经济如何因地制宜地实现特色化发展，区域经济发展规划如何制定……社会急需经济专家“出诊”“把脉”，出方案。

李燕燕：“耿老师这一路走过来，其实就是沿着中国改革开放发展的历程，他一直在思考每一个阶段国家需要解决的重大问题。”

几十年来，耿明斋一方面带领学生走出书斋，到省内乃至全国各地深入城镇、乡村和企业实地调研；另一方面又不断走访高校、研究机构，参加各种学术讨论，从理论层面寻找方法论；有机会也出国考察寻求可供借鉴的经验。他通过翔实、客观、丰富的第一手资料，对当地特色行业发展和各类企业改革逐一“巡诊把脉”“对症下药”，提出了许多个性化的可行性方案。有了可行的理论指导，许多企业开始快速发展，有不少现已成长为全国行业龙头和优质上市公司。

《做一个有社会责任感的经济学人——耿明斋教授经济思想述评》一书的主编王理是耿明斋带的第一个博士生。说起导师，他脱口而出的一句话是："他刚刚带领团队完成了河南省 17 个地市的经济发展模式分析的综合报告。"

学术生涯 40 年，田间地头、一线企业、沿海经济开放区，都留下过耿明斋坚实的足迹。

王理："他最突出的成果就是'郑汴一体化'的提出，被河南省政府的'十一五'规划采纳。'郑汴一体化'在理论上和实践工作中，它的意义都是非常重要的。对于河南省其他经济的发展乃至后面的中原城市群建设经济带建设还有航空港的建设，他起了很大的作用。"

从实践中来，到实践中去。耿明斋秉承着"知行合一"的研究理念，深深地扎根于中国现实问题。然而当时经济学界习惯于遵循"书斋里出学问"，为此，他的研究方法曾经受过不少非议和质疑。

耿明斋："我从 20 世纪 90 年代开始就进入了经济活动的第一线，比如说进入乡村去做农业联产承包责任制的调查研究，进入地方政府的相关体系里去研究企业改革，研究资本市场。我们去新密依托乡镇企业指导他们怎么进行股份化改造、去组建证券交易所的模型。这些事儿在高校当时的主流学术环境看来，就是不务正业。"

面对质疑，耿明斋自己也反思，但他从来没有放弃结合经济实践做学问的方式。他坚持学术的独立性，从具体的经济活动里探索规律，从规律里去提炼、丰富自己的理论，慢慢开始提出创新性的观点，并发表高水平学术论文。

耿明斋："2000 年前后的时候，我到商丘科迪集团去调查。我就发现了它的农产品加工和种植业与农民之间的一个结合的土地的特定经营模式，当时我就给这个经营模式起了一个名，叫返包承租。我很快就以这样一个案例作为典型，写了一篇正规的学术论文，在《中国农村经济》迅速地发表了。"

《中国农村经济》在农业经济研究领域是顶尖的权威期刊。类似这样的事例有很多。如今，耿明斋的研究著作垒起来已有一人多高。真知灼见多了，到最后，所有的质疑都不攻自破。作为河南省政府多年的经济智囊，他展现出了一个学术大家的担当和情怀。

南开大学经济学院张志超教授一直关注着耿明斋的学术研究，这一次收到他的作品汇编，张教授专门发来了微信："祝贺此书出版，阁下经济思想独树一帜，几十年如一日，为大河南的腾飞出谋划策，世人皆知。”

二

现代作家艾青在《我爱这土地》里写道：“为什么我的眼里常含泪水？因为我对这土地爱得深沉。”

耿明斋怀着一颗滚烫的赤子之心，一直深爱着中原大地。

《做一个有社会责任感的经济学人——耿明斋教授经济思想述评》一书从侧面反映了河南经济40年日新月异的发展变迁，但书里也不乏真诚的抒情片段。透过华南师范大学教授赵学增《我的师弟》一文，我们看到了这样一个朴素生动的耿明斋。

不修边幅，蓬乱的头发散落在额头，常常遮挡住他的那双一笑起来就变成一条线的眯眯小眼，吃饭时总让服务员上一盘蒜瓣，满身土气，土得掉渣，浓浓的滑县口音，活似刚从农村出来的身兼生产队队长的老塌儿（土包子），很难辨析出他与学者有任何关联。

然而，赵学增接下来笔锋一转，又写到，在耿明斋这貌不惊人的外表下，却蕴藏着坚韧、刚毅、淳厚、豁达、理智、正义等诸多品格，并在他非凡的人生故事中，不断看到偶露峥嵘的一面。

可不就是偶露峥嵘？2001年，耿明斋49岁，女儿在复旦大学读书，妻子也在上海。这时，同济大学向他抛来了橄榄枝，请他去做教授。

将近50岁，人生基本过半，耿明斋清楚，这很可能是他职业生涯的最后一次机会了。

耿明斋：“上海还是天地宽嘛！我当时的研究领域，一个是农区工业化，一个是资本市场，而且2000年的时候，资本市场还是我研究的一个主要的领域，上海就是整个中国资本市场的中心。”

正在这时，河南大学请他担任经济学院院长，希望他把这个学科带出来。

耿明斋：“我思来想去，还是决定回来。最主要的还是对河南的牵挂、对河南大学的牵挂、对这个学科的牵挂。我在这儿学习，在这儿工作，对河南的环境特别地熟悉，头脑里积累的问题，都是自己多年思考没有来得及去做完或者没有来得及去实现的愿望。”

就这样，耿明斋义无反顾地又回到了河南大学，一头扎进了经济学科建设中。

学术研究上，他秉持着学者的独立思考，同时又兼收并蓄；工作管理上，他不拘一格、包容大度。在他身上混合着自然的乡土气息和浓郁的人文气质，他始终保持着清醒的头脑，心系民生、眺望远方，既能登大雅之堂，也能折节下交。

河南大学迈阿密学院的赵新顺教授曾在书中写过这样一件趣事。

有一次耿老师与年轻博士郑祖玄等人同行外出，路上他们就某一问题进行讨论。争论到激烈之处时，只听郑祖玄大声说道："耿老师，你顽固不化，不跟你说了。"然后便转身自顾自地前行了，留下一众人尴尬地看着耿老师。耿老师无奈地微笑道："这个祖玄。"然而耿老师仍然经常在众人面前夸赞郑祖玄有思想、有水平、学术态度纯粹。过不多久又力荐其为副院长人选。

如今，郑祖玄已是河南大学经济学院深具潜力的有生力量了。

在耿明斋的带领下，河南大学经济学科迎来了发展的黄金时期。硕士点由 2 个增加到超过 20 个；二级博士点由 0 个增加到 17 个；一级博士点 3 个；博士后流动站 3 个；还吸引了一批海内外知名大学博士、教授加盟；使河南大学走到了全国同类高校经济类专业的前列。2009 年，在他的推动下，河南大学又与省政府研究室、省发展改革委共建了中原发展研究院，这是河南省经济学界最权威的智库机构，也是中原经济区建设首席智库。所有这一切，对于培养河南本土经济学高端人才、河南经济的发展，都具有划时代和里程碑的意义。

桃李不言，下自成蹊。研讨会结束时，找耿明斋签名的师生排成了长队。

一个刚刚拿到签名的研究生将书捧在胸前，说起自己的导师，他一脸仰慕之情："我们整个学院都在排队找他签名，为什么呢？因为他是我们学院最有名气的老师！而且在河南省经济学界他也算是头号人物，所以我们都非常崇拜他。"

三

转眼间，耿明斋已经 70 岁了。

可他却说："作为知识分子，你的角色、你的职责就是要认识世界，就是要把你的认识向大众去传播，让更多的人以更便捷的方式去帮助更多的人。认识世界是没有止境的，人对知识的吸纳也是没有止境的。”

从河南大学经济学院到改革发展研究院，再到中原经济发展研究院，从教授到中国杰出人文社会科学家，从国家教学名师到国家社科基金评审专家，从河南省人大代表、人大财经委委员到省委咨询组研究员、省政府专家咨询委员，耿明斋的身份不断改变，但他始终扎根于河南大地，心系中原社会经济发展。

按河南省人民政府发展研究中心原主任、河南省委咨询组秘书长王永苏的话说：“耿老师是我所见过的所有的大学老师里最接地气的一个，就是面向现实，非常关注现实问题。他用他的经济理论去分析解读现实问题，然后给现实问题开出自己的‘药方’。”

严谨的治学态度、拳拳的赤子之心！这是一位有着独立思想的学者、一位光明磊落的知识分子。

翻开书本第一页，耿明斋在《我的经济学探索》一文中写道：

我 1952 年生于河南省滑县南部的偏远农村，算是共和国的同龄人，几乎经历了共和国所有的重大事件。大饥荒夺走了我家 3 口人的生命。

记忆中的童年生活极其艰难，终身留下清晰记忆的一件事是我的小妹妹故意扔碗。一家人用盆从公共食堂打回按人定量还几乎清澈见底的稀粥，然后再分到每个成员碗里，不满 4 岁的妹妹没喝够，盆里没了很无奈，她就很不高兴，脸拉下来，任由放在膝盖上很漂亮的小小花瓷碗滑下来打碎了。

一个被打碎的小小花瓷碗，在理性的经济学述评中，耿明斋却用了一个充满感性的形容词“漂亮”、一个形象的动词“滑下来”。颇为心酸的场景是耿明斋一生的清晰记忆，也是他后来走向经济学探索、不断反哺中原大地的原动力。

现在看来，童年和青少年时期所经历过的所有这些不幸和磨难，都是人生的财富。出工不出力，统计劳动量与实际劳动量严重脱节，终年劳碌却产出了了，甚至食不果腹……所有这些经历，用理性语言来表达就是既不公平也无效率的现象，在头脑中累积了无数的问题。找到这些问题的答案，给出至少是自己认为合理的解决方案或方向，成为日后我经济学探索的不竭动力。

就这样，怀揣这样的信念和情怀，耿明斋走上了推动中原经济发展的研究之路。

耿明斋："可能在更年轻的时候，我还有很多人生的那种功利性的目标。你要做教授，你要做一个名教授，你要发表更多的论文，出版更多的著作，等等。但人到了70岁以后，所有的这些都成了身外之物。所以你就解放了，你就可以更自由地对知识进行探索。"

2016年5月30日，习近平总书记在全国科技创新大会上提出："广大科技工作者要把论文写在祖国的大地上，把科技成果应用在实现现代化的伟大事业中。"

耿明斋始终践行着这样的研究理念。河南省社科联党组书记、主席李庚香："耿明斋教授一生坚持理论跟实践相结合，一方面，他在这个学术上有非常精到的精辟的见解；另一方面，他又不是做书斋内的学问。他始终行走在中原大地上，为我们河南经济社会的发展贡献了很多智慧。"

"明德新民、止于至善"，采访中，耿明斋数次提到河南大学的校训。作为河南大学的资深教授，从踏进校门的那一刻，校训就成了他的座右铭！70岁，耿明斋又开启了新的研究征程。

耿明斋："一句话，做一个有社会责任感的经济学人。"

第六章　学者观点

社会主义公有制与市场化经济改革的科学探索

——耿明斋教授公有制与市场化改革思想研究

于金富①

内容提要：河南大学著名专家、资深学者耿明斋教授长期以来孜孜以求，勇于探索，在经济理论的园地里辛勤耕耘，长期致力于社会主义公有制与中国市场化改革等重大问题的科学研究，提出了体现社会主义公有制本质特征、创新中国公有制实现形式与发展股份制、实现劳动者个人所有权，坚持市场取向改革、不断扩大企业自主经营与市场调节范围与构建国家计划调节下的市场运行机制的改革目标模式，推动公有制企业分配制度改革、贯彻按贡献分配等一系列重要观点，取得了许多重大的、标志性的科研成果，形成了具有科学性、独到性与创新性的公有制与市场化改革思想。这些理论观点与学术思想对于推进中国特色社会主义公有制和市场经济的理论创新与制度创新，推动中国市场化经济转轨与现代化社会转型，具有重要的理论价值与现实意义。

关键词：公有制　市场化改革　自由人联合体　股份制　按贡献分配

2022年，是河南大学110年校庆，也是该校著名专家、资深学者耿明斋教授70岁华诞。长期以来，耿明斋教授不仅锐意进取 、殚精竭虑，为河南大学经济学学科建设与发展做出了历史性贡献，而且孜孜以求、勇于探索，在经济

---

① 于金富，中国《资本论》研究会常务理事，黄河科技学院特聘教授，辽宁大学中国经济转轨研究中心主任，河南大学博士生导师。研究方向：马克思主义政治经济学与中国特色社会主义经济。

理论的园地里辛勤耕耘，取得了许多重大的、标志性的科研成果，获得了具有独到性、创新性的研究成果，形成了别具一格的学术思想。其中，在社会主义公有制与市场化改革方面，耿明斋教授更是深入思考和系统研究，提出了一些具有科学性、现实性与创新性的理论观点与对策建议，形成了耿明斋教授公有制与市场化改革思想。系统梳理与认真研究耿明斋教授公有制与市场化改革思想，对于推进我国社会主义公有制与市场经济的理论创新与制度创新、推动新时代中国特色社会主义经济改革与发展，具有十分重要的理论价值与现实意义。

一、耿明斋教授社会主义公有制及其实现形式思想

从总体上说，耿明斋教授的社会主义公有制思想的主要特征是对社会主义公有制的本质特征与实现形式进行全面分析和科学阐述。这一思想不仅以马克思“自由人联合体”理论为依据，阐明了社会主义公有制的本质特征，而且以中国现阶段实际国情为依据，分析了社会主义公有制的实现形式问题。具体来说，耿明斋教授的社会主义公有制思想包括以下四个方面：

（一）关于社会主义公有制本质特征的思想

耿明斋教授的社会主义公有制思想以马克思的“自由人联合体”理论为基础，根据马克思“自由人联合体”理论阐明马克思主义公有制的本质特征。马克思认为，社会主义社会是以每个人全面而自由的发展为基本原则的社会形式，社会主义公有制的本质特征是“自由人联合”的新型所有制。“自由人联合”是社会主义公有制经济区别于历史上曾经存在过的或者正在存在着的一切其他社会所有制的根本标志。因为在马克思看来，任何一种社会生产都是一种“联合”生产形式。从表面上看，奴隶制、封建制与资本主义生产方式也是一种联合的生产方式。但从实质上看，在奴隶制、封建制与资本主义生产方式下，无论是资本所有者还是劳动者都不是“自由人”，因而这些生产方式都不是“自由人联合体”。在原始社会，人们是在自然奴役下为了求得生存而被动联合起来而不是自由联合生产的。在各种阶级社会中，劳动者是在剥削者的奴

役下而被动联合起来的。相反，在社会主义公有制经济中，劳动者完全摆脱了剥削者的奴役，在自由联合劳动的基础上进行社会生产。劳动者在这种联合中并通过这种联合获得自由，实现自由联合。

作为社会主义公有制经济的本质特征，“自由人联合”包含三重含义：一是实现个人的自由，即人对自然关系上的自由和人对人关系上的自由；二是实现自由人的社会联合；三是在自由联合的基础上实现人的全面发展。这三个方面的核心在于劳动者个人成为社会主义公有制经济的主体，其内容包含两点：一是劳动者作为物质生产条件的所有者，可以自由支配物质生产活动并占有产品，从而是社会的主人；二是劳动者的能力和个性全面而自由的发展。① 社会主义公有制既是实现劳动者自由联合的基本形式，又是推动社会生产协调健康发展与实现劳动者个人全面发展的基本途径。在社会主义社会，全社会劳动者联合起来，把生产置于社会的控制之下，使人和自然之间的物质变换得以合理地调节。这样，一方面可以提高资源配置效率，实现最大的经济效益；另一方面可以极大地提高全体社会成员的物质生活水平，实现自由而全面的发展。社会主义公有制的本质特征在于：劳动者自由联合、共同占有与自主管理，实现劳动者的全面发展。

（二）社会主义公有制的实现形式——根据具体条件而具体选择不同形式

耿明斋教授还对社会主义公有制实现形式这一重要问题进行了系统分析。其内容主要有三个方面：第一，马克思社会主义公有制理论主要阐明了公有制全局性的发展方向，而没有对社会主义公有制经济的实现形式做出具体设计。这是因为，在马克思看来，政治经济学只能解决资本主义社会内部矛盾和冲突及取代社会主义社会应当具有哪些基本特征等全局性、方向性的重要问题。马克思作为科学社会主义的创始人，绝不能像科学社会主义者与蒲鲁东那样在“社会主义的”名义下臆造对未来新社会的蓝图，对未来社会进行具体设计。第二，关于未来社会的生产形式，马克思指出社会主义要实行全社会公有，在

---

① 耿明斋．从马克思关于“自由人联合体”的设想到农业生产责任制的实践[J]．河南大学学报（社会科学版），1984(6)．

过渡时期内实行生产资料国家所有制等。但是，这都是基于“自由人联合”这个本质特征与发达资本主义国家经济发展状况而提出的关于社会主义公有制经济形式的大致设想，而不是马克思对社会主义公有制经济实现形式的具体设计，更不是社会主义公有制经济的固定模式。第三，马克思、恩格斯强调应该而且必须随着历史条件的变化而不断改变社会主义公有制经济的具体实现形式。马克思、恩格斯提出经济在落后国家应该正确对待农民、发展农民合作社。在实行战时共产主义政策时期，列宁曾经试图把农民和工人在整个社会范围内直接联合起来，实行社会所有制；后来，列宁又提出通过农业合作社实现农民在具体范围内的社会联合。

（三）传统社会主义公有制经济的主要缺陷

耿明斋教授不仅对社会主义公有制的本质特征与实现形式进行了深刻、系统的理论分析，而且还对社会主义公有制的实践经验进行了具体、客观的分析。首先，他对传统体制下社会主义公有制实践的主要教训进行了分析。耿明斋教授认为，传统社会主义公有制经济的主要缺陷在于，一方面它在很大程度上违背了马克思关于社会主义公有制的基本原理、背离了社会主义公有制的本质特征；另一方面，又脱离实际国情建立了高度集中的公有制经济管理体制，并将其固定化，形成了缺乏活力的僵化的公有制形式。具体来说，主要内容有二：

其一，分析了苏联集体农庄的强制性与固定化特征。耿明斋教授指出，苏联在20世纪30年代初建立了以实行集体所有、共同劳动与统一分配为特征的集体农庄制度。然而，集体农庄这种公有制形式并不是农民自愿选择的，组织过程也具有明显的强制性特征。因此，这一制度不仅在实践中忽视与否定了劳动者的自由联合与个人权利，而且使生产力发展遭到较大阻碍。苏联不能正确地理解公有制经济的本质规定与实现形式之间的辩证关系，把某种社会主义公有制经济的具体形式固定化了，把只适用于特定历史条件的公有制实现形式作为普遍使用的社会主义农村集体经济的一般模式。

其二，分析了中国人民公社的行政管理与家长制度特征。耿明斋教授指出，在中国人民公社体制下，农业劳动者是被动地进行集中劳动，其不是自由地联合劳动，维系这种集中劳动形式的纽带是集中指挥和服从关系。在这种行政化的集中劳动过程中，劳动者只是作为被动的劳动者，而没有真正成为自由的联合劳动者。

（四）农业生产责任制是符合社会主义公有制本质特征的较好形式

耿明斋教授指出，在中国现阶段包产到户的农业生产责任制能够较好地体现社会主义公有制的本质特征，应当予以充分肯定与大力发展。一方面，这种经济形式彻底破除了人与人之间直接的指挥和服从关系，使劳动者真正具有了主人的地位，实现了劳动者自由联合。农民家庭作为一个独立的经济主体与国家和集体经济组织发生直接的经济联系。在包产到户的生产责任制下，劳动者不仅可以根据客观的需要自主地安排自己的劳动时间，还可以独立地进行生产经营决策，自主地占有劳动产品。这种经济形式是当前劳动者愿意接受的社会联合形式，是劳动者自由的社会联合。另一方面，包产到户这种经济形式使劳动者可以自由地安排剩余时间，自主地选择非农产业劳动，这不仅为劳动者全面而自由地发展开辟了广阔道路，而且也能使劳动者更好地满足其多方面的需要。

（五）社会主义公有制经济改革

耿明斋教授不仅分析了农村集体所有制改革与发展问题，而且对城市国有制经济改革问题进行了研究。

1. 国有资本人格化思想

耿明斋教授高度重视国有经济改革问题，充分肯定了实现国有资本人格化这一改革思路。然而，耿明斋教授不赞成在国家机构内部通过设立国有资产管理局、国有资产经营公司和向企业董事会派驻国家董事而建立公有资产人格化主体的改革模式。这是因为，这些公有资产的人格化主体作为个人，仍然只是公有资产所有者的代表，而不是所有者。因此，企业经营者从事经营管理活动的动力不可能是对资产保值和增值的追求。并且，在纯粹的公有制经济范围内，也很难通过物质奖励与资本人格化的方式来增强企业经营管理的动力。最佳的出路在于：在坚持公有制为主体的前提下，打破纯粹的公有制经济形式，从中分离出独立的个人产权主体。企业的劳动者首先应当成为个人产权主体。可以采取两种方式使企业劳动者成为产权主体：一种是职工购买本企业股票；另一种是从企业的国有资产中直接划出一部分形成本企业劳动者的产权，首先进行存量资产的清产核资，然后以适当的比例部分（如30%、40%）从企业资产中划出一部分作为企业劳动者基金，并具体地分解为企业劳动者个人股权。①

2. 国有企业产权转让思想

耿明斋教授认为，国有企业实行产权转让既是商品经济发展的必然结果和新技术革命产生的客观要求，也是深化经济体制改革的必然选择。企业产权包括所有权和经营权两个方面，企业产权转让的内容也包括所有权的转让和经营权的转让。国有企业之间的产权转让是经营权主体的换位而不是所有权主体的换位。经营权的转让也必须是有偿的。从理论上说，按照马克思主义经济学原理，生产资料所有权不只是法律上的所有权，还包括对生产资料的使用权与收益权等经济所有权。从现实来看，经营权不仅是对生产资料的使用权和支配权，而且还是一种现实的利益关系。国有企业不仅具有独立经营权，而且拥有因生产经营而产生的利益的权利。国有企业经营权的转让可以使转入产权的企业获得这部分经营收益。所以这种转让应是有偿的，而不能是无偿的。②

3. 公有制经济中分配制度与管理制度改革思想

耿明斋教授认为，在社会主义公有制条件下，个人收入的分配应该有两个原则：一个是生产资料所有权原则，即劳动者要获得所有权收益；另一个是劳动原则，即劳动者要获得领导收益。这种分配原则的双重性质是由社会主义劳动者同时也是生产资料所有者这种双重身份所决定的。因此，社会主义公有制经济中的劳动者既应当获得其劳动的报酬与收入，也应当获得生产资料所有权收入。③ 也就是说，在公有制经济中，分配原则具有双重的规定：一方面，劳动者作为劳动力的所有者凭借其劳动力产权参与收入分配而获得劳动收入，并根据其劳动贡献的大小来决定其劳动收入的多少，这里体现的是按劳动贡献分配的原则；另一方面，劳动者作为公有制经济的主体，凭借其生产资料所有者的身份与权利参与企业剩余的分配，从而获得一定的产权收入，这里体现的是

① 耿明斋．进一步改革国家所有制关系的思路[J]．探索与争鸣，1991(4)．

② 耿明斋．企业产权转让研究八题[J]．南开经济研究，1989(1)．

③ 耿明斋．论社会主义劳动者的双重身份和社会主义个人消费品的双重分配[M]//河南大学研究生论丛：第一版．开封：河南大学出版社，1987：52－63．

按资分配原则。[①] 正是由于劳动者在社会主义公有制经济中居于二重身份，国有企业分配制度与管理制度的改革应当体现两个方面的基本要求：一是重视劳动考核，以物质利益调动劳动者增产节约的积极性，二是应当尊重劳动者的人格，实行人性化、平等化的管理制度，使劳动者成为平等、自由的主人与能动的主体。这是因为，单纯的劳动监督与劳动考核客观上都是把劳动者单纯地作为被管理的对象，由劳动者之外的某些个人或组织对劳动者的自由意志施加限制，这与社会主义劳动者要实现自己的自由意志，从而作为能动的主体的要求相矛盾。劳动者作为人，绝不是单纯追求物质利益的利益主体，而是一个具有自主意识的行为主体。因此，必须尊重劳动者的主体地位，正确处理企业内部劳动者和管理者的关系，建立平等化、人性化的管理制度，使管理者杜绝官僚主义作风，真正使劳动者具有主人权利与平等地位，尊重劳动者的人格，尊重劳动者对企业、对社会的贡献。[②] 社会主义分配制度改革的方向应当是克服以往的平均主义分配倾向，贯彻按贡献分配原则，即个人收入的分配要与其贡献相符。[③]

二、耿明斋教授市场化经济体制改革思想

耿明斋教授高度关注我国经济体制改革这一当代中国经济社会发展最为重要的问题。从总体上说，耿明斋教授认为旧体制严重缺乏活力与效率，经济体制改革是中国经济发展的必然要求；中国经济体制改革应当坚持市场化的改革方向，使市场对资源配置发挥重要作用。中国市场化经济改革的重点是企业改革，企业改革的核心是所有制改革；所有制改革的关键是强化企业预算约束，在企业内部建立起经济有效增长的机制；国有企业的所有制改革应当实现产权多元化与企业的股份化，应当承认与实现劳动者的个人所有权。

① 蔡继明，耿明斋．公有制商品经济中的收入分配[M]．西安：陕西人民出版社，1993：41－42.

② 耿明斋．关于企业内部分配制度改革的几点思考[J]．河南大学学报（哲学社会科学版），1989(6).

③ 蔡继明，耿明斋．公有制商品经济中的收入分配[M]．西安：陕西人民出版社，1993：179－182.

（一）坚持市场化的改革方向

耿明斋教授首先从中国经济发展的客观要求出发，分析了中国为什么要进行经济体制改革，在此基础上进一步分析中国经济体制改革的基本方向，明确提出并科学论证中国经济体制改革应当按照市场化的方向来进行。具体来说，耿明斋教授关于我国市场化改革方向的思想包括以下三个方面：

1. 经济体制改革的目的是增强微观经济活力，在企业中构造经济增长机制

这是因为，在传统体制下有两种因素阻碍着企业的发展：一是企业和劳动者的物质利益动力不足；二是企业缺乏自主权，企业和劳动者缺乏主动性和创造性，难以提高管理活动的效率，导致经济低效粗放增长。市场化的经济改革是培育企业动力机制的必由途径。耿明斋教授认为，虽然可以通过收入分配关系的调整调动企业与劳动者的积极性，但单纯依靠物质利益刺激难以构造有效的经济增长机制。因此，必须依据商品经济与市场调节的特点对微观经济主体与经济运行机制进行整体性的重构，取消国家对企业的直接控制，使企业拥有生产经营决策权。同时培育和改善企业生产经营的市场环境，促进企业之间的竞争，建立计划指导下的市场调节机制。我国经济体制改革的实质与目标应该是在改革的进程中培育起经济有效增长的机制，即把经济运行从行政指令下转移到计划指导下的市场机制的轨道上，充分发挥市场对资源配置的重要作用。

2. 中国经济体制改革的基本方向是逐渐扩大企业和农户对生产经营活动的自主决策权和市场调节范围

耿明斋教授指出，改革开放以来，我国经济体制改革的基本方向是逐步减少国家对微观生产经营者的直接控制，逐步增加企业和农户生产经营自主权和市场调节的范围。① 回顾十多年走过的改革道路，可以肯定这个方向是正确的。

3. 在市场化改革中应当正确发挥价值规律的作用

耿明斋教授不仅论述了市场调节的重要作用，而且分析了价值规律在社会主义经济中的作用。耿明斋教授在分析布鲁斯社会主义价值规律理论时指出了

---

① 谷书堂，耿明斋．对我国经济体制改革的回顾和思考[J]．南开经济研究，1991(5)．

价值规律在社会主义经济中的作用：一是在消费品生产结构形成中价值规律的作用，二是价值规律在劳动对象生产结构形成中的作用，三是在投资结构形成中价值规律的作用。耿明斋教授指出，布鲁斯不仅划定了社会主义经济中价值规律作用的范围，而且明确了社会主义计划调节的方向，即通过社会主义计划来限制价值规律的作用，以形成一个不同于价值规律作用结果但符合社会偏好的生产结构。[①]

（二）探索市场化改革的目标模式

耿明斋教授不仅科学论证并坚定坚持市场化的改革方向，而且对微观市场化改革的目标模式进行了探索与论述。首先，耿明斋教授从经济思想史的角度论述了市场化改革的基本方向与目标模式。兰格在社会主义经济学史上第一次设计了一个基于市场化资源配置规则的社会主义经济运行模式，提出了作为生产资料所有者的政府与作为生产经营者的企业相互分离的理论。这为20世纪50年代以后开始的社会主义各国的经济体制改革奠定了理论基础，推动了改革理论的研究和改革实践的发展。[②] 在此基础上，耿明斋教授明确提出了中国市场化经济改革的目标模式是国家计划指导下的市场运行机制模式。这一模式的主要内容包括三个方面：一是建立完善、稳定的市场经济运行规则体系；二是应当使仍然保留的少数指令性计划与市场规则保持基本一致；三是应当由利率、税率等经济杠杆的作用调节国民经济大量的经济活动，在计划指导下充分发挥市场对资源配置的重要作用。从本质上看，耿明斋教授提出的国家计划指导下的市场运行机制这种改革的目标模式与1987年党的十三大提出的“国家调节市场、市场引导企业”的改革目标模式是一致的，是对党的十三大市场化改革路线的坚定坚持与创新发展；耿明斋教授提出的国家计划指导下的市场运行机制模式同1992年党的十四大提出的“国家宏观调控下的市场经济”的改革目标模式是一致的。

---

① 耿明斋．布鲁斯的价值规律作用理论述评[J]．河南大学学报(哲学社会科学版)，1991(3)．

② 耿明斋．兰格社会主义资源最优配置理论介评[J]．河南大学学报(哲学社会科学版)，1988(6)．

（三）我国市场化经济改革的重点、核心与举措

耿明斋教授不仅提出了我国市场化经济改革的目标模式，而且分析与阐述了我国市场化经济改革的重点、核心与举措。

1. 企业改革是市场化改革的重点

耿明斋教授认为，价格机制虽然对社会经济活动具有引导与调节作用，但要培育经济有效增长的机制，单纯的价格改革显然是不行的。这是因为，价格改革说到底只能解决企业外部环境问题而不能解决企业内部动力机制与约束机制等问题，也不能解决企业“预算约束软化”问题，以实现对国有资金的有偿使用。因此，必须进行企业改革，真正解决企业生产经营的动力机制与约束机制问题。

2. 企业改革的核心是所有制改革

耿明斋教授指出，企业改革的主要任务是解决企业经营机制问题、硬化企业的预算约束。而要从根本上解决企业生产经营的动力机制与约束机制问题，就必须进行所有制改革。只有进行所有制改革，才能实现企业自我约束与自我发展。因此，所有制改革的关键就是培育能够使企业自我增值、自我发展的经济主体，使其成为独立的市场主体。

耿明斋教授认为，产权制度改革可以通过两条途径来实现：一是在全民所有制内部建立起公有财产的人格化主体；二是实现所有权的多元化、企业的股份化，承认与确立个人产权。在企业产权制度改革中，在全民财产的一部分向集团或个人财产的转化方面需谨慎从事，可以先局部试点。应当加快集体企业的股份化改革步伐，并支持个体经济和私有经济的发展，从而形成公有制为主体、多种所有制共同发展，多种所有制经济相互竞争、相互融合的格局。

总体来看，耿明斋教授高度重视并科学论述了所有制改革与企业产权制度变革问题，形成了系统的所有制改革思想。其主要内容有四个方面：一是在国有经济中建立完善的资产管理制度与资本经营制度，实现国有产权人格化；二是在国有企业内部实行国家产权、集体产权与个人产权并存，实现产权多元化；三是国有企业产权制度可以采取股份制形式，建立股份制与公司制的现代企业制度；四是在公有制经济与企业股份制中承认劳动者与居民的个人产权，确立劳动者个人所有权。可以采取企业资产增量股份化与资产存量转让两种方

式确立个人所有权。

不仅如此，耿明斋教授还认识到市场化的经济体制改革必然要求与伴随民主化的政治体制改革。耿明斋教授提出，应当适应市场化经济体制的要求，审慎地推进政治体制改革。政治体制改革的核心在于发展与完善社会主义民主政治，使广大劳动者真正成为国家、社会与企业的主人，更好地实现与保障劳动者的政治经济权利。政治体制改革的重点在于发展与完善人民代表大会制度，其主要对策有二：一是对政府和人民代表大会的关系做某些调整，确保人民代表大会的权威地位与职能发挥；二是改革人大代表的选举方式，对人大代表选举方式做出某些改进。

总体来说，耿明斋教授关于中国市场化改革的理论观点既是根据中国经济发展的客观现实与内在要求提出来的，也是根据市场经济的一般规律和我国市场化改革的实践经验提出来的。因此，这些观点回应着现实发展的要求，闪耀着科学真理的光辉。这些观点不仅具有科学性与现实性，而且具有创新性与超前性，是耿明斋教授对中国市场化经济体制改革重要的理论贡献。

三、耿明斋教授公有制与市场化改革思想的内在联系与重要价值

（一）耿明斋教授公有制与市场化改革思想的内在联系

从总体上来看，耿明斋教授的社会主义公有制与市场化改革思想二者是内在联系、有机结合的，从而形成了一个有机的整体。

1. 两个视角：密切联系，两位一体

耿明斋教授的社会主义公有制与市场化改革思想是分别从两大不同视角来研究当代中国经济改革与发展问题的。一方面，耿明斋教授的社会主义公有制思想是从社会公平的视角来研究中国经济发展与经济改革问题的，坚持与发展社会主义公有制是实行社会公平的内在要求与根本条件；另一方面，耿明斋教授的市场化改革思想是从经济效率的视角来研究中国经济发展与经济改革问题的，市场化改革是培育经济有效增长机制正常运转的必由途径。在当代中国特色社会主义条件下，体现社会公平的社会主义公有制与提高经

济效率的市场经济二者不仅是同时并存、并行不悖的，而且是内在联系、有机结合的。社会主义公有制是市场型的公有制，市场经济是以公有制为主体的新型市场经济，二者统一于中国特色社会主义的伟大实践，统一于社会主义市场经济体制之中。

2. 一个核心：本质相同，殊途同归

耿明斋教授的社会主义公有制与市场化改革思想尽管研究视角不同，但二者有一个核心共同点，那就是承认与实现劳动者自由联合与个人权利，即劳动者的所有权、管理权与收益权。劳动者个人所有制既是社会主义公有制的内在要求，也是市场经济的客观要求。从公有制方面来看，社会主义公有制是劳动者自由联合所有制，即重建个人所有制。重建个人所有制是马克思关于社会主义公有制的基本理论，实现劳动者个人所有权是社会主义公有制的内在要求与应有之义。从市场经济方面来说，市场经济是企业自主经济，应当使企业成为自主经营、自负盈亏、自我发展、自我约束的市场主体，为此应当构建多元化、股份化的产权制度与企业制度，以实现产权清晰、权责明确、动力充足、约束有力。因此，承认与确立个人所有权是培育市场主体、建立市场经济体制的客观要求与根本条件。

3. 二者矛盾：主要表现，解决途径

耿明斋教授不仅分析了公有制与市场经济的内在联系与本质上的共同点，而且注意到并分析了公有制与市场经济之间的矛盾，提出了相应的解决对策。耿明斋教授指出，公有制与市场经济之间也存在矛盾的一面，随着市场化改革的深入，这种矛盾也会发展起来，从而阻碍我国市场化改革的进行。对于这些矛盾，我们不能一味回避，更不能否定，而应当正视并积极解决。一是按劳分配与市场机制的矛盾。按劳分配要求以劳动者提供的劳动作为劳动者参与分配的主要根据，而在市场调节的条件下，由于供求、竞争和价格波动等因素的影响，劳动者的劳动收入很可能偏离其实际提供的劳动量。二是劳动力商品属性与劳动者主人翁地位的矛盾。公有制企业的劳动者一方面是生产资料与企业的主人，另一方面是劳动力商品的所有者与出卖者，因而在企业中处于被雇用与被支配的被动地位。三是财产公有与产权虚置的矛盾。由于公有制经济中缺乏具体的人格化产权主体，企业资产保值增值的责任无人承担，这种情况导致了产权虚置、无人负责的结果。四是权力资本的寻租行为与市场等价交换行为的矛盾。在公有制经济中，国家需要委任一大批管理者对公有资产与企业进行经营管理，这势必会产生以权谋私现象。这些管理者运用权力进行寻租的腐败行为必然会破坏市场等价交换规则，从而导致市场配置资源效率的降低。如何解决这些矛盾？耿明斋教授指出，应当通过实行股份制的途径来解决社会主义经济中的若干矛盾。社会主义公有制之所以要实行股份制，其主要原因有三：首先，社会主义规模生产对劳动与生产资料最佳配置的要求和劳动者对自己利益的追求会导致股份制的产生。其次，社会主义商品生产者自负盈亏的要求与整个社会经济稳定发展之间的矛盾也会导致股份制的产生；再次，社会主义生产资料使用权的一元化与生产资料所有权的多元化之间的矛盾也要求通过股份制的实现来解决。最后，作为克服生产管理者与劳动者之间矛盾的一条可靠途径，为股份制的发展展示了广阔的前景。耿明斋教授认为，在总体设计上应以混合所有制为目标，实行所有制多元化，同时加快生产要素市场化进程。对于国有企业改革，可以从“内部突破”和“外围推进”两个方向进行。所谓“内部突破”，就是全面深化国有企业改革与国有经济战略布局调整，实现国有企业产权改革、优化管理与国有经济的产业结构调整三者有机结合，根据具体情形分门别类地制定各个企业、各个行业的具体改革方案。同时，应当协同推进国有企业和政府自身改革，只有这两个重要领域的改革取得实质性进展，才能培育出充满活力的微观经济主体，才能实现政企分开，更好地发挥政府在市场经济中的重要作用，才能逐步真正地解决公有制与市场经济二者之间的矛盾。所谓“外围推进”，就是指进一步发展壮大各种非国有经济，为国有企业形成有效的市场竞争环境，同时，大大增加国有企业与各种非国有经济主体之间的市场交易行为，扩大国有企业的销售市场。对于一些竞争性领域的国有企业，可以鼓励非国有企业投资入股、实行混合所有制；对于一些长期亏损且扭亏无望的国有企业，可以允许非国有企业进行购买与兼并。

4. 一个保障：推进政治体制改革，保障劳动者的主人翁地位与权利

耿明斋教授认为，实现公有制与市场经济结合、发展社会主义市场经济，不仅要推进市场化的经济体制改革，而且必须同时深化政治体制改革。政治体制改革的主要内容有二：一是要进行政府自身改革，既要精简机构，向“小政府、大市场”的目标迈进，也要推进制度创新，推动政府转变职能，消除行政垄断与经济垄断，废除双轨制价格，推动各种生产要素自由流动，创造公平交换、平等竞争的市场环境，建立健全市场经济制度，消除寻租腐败的现象。二是完善人民代表大会制度，保障人民民主权利。在耿明斋教授看来，实现自由联合与劳动者的主人翁地位和权利是社会主义公有制与市场经济的基本要求，劳动者主人翁地位与权利在经济上主要表现为劳动者个人产权，即财产所有权、参与企业管理权与收益权，其实现的基本形式是股份制；劳动者的主人翁地位与权利在政治上主要表现为劳动者的政治权利与自由，即基本自由与人权、参与国家管理权与监督权，其实现的基本形式是人民代表大会制度。以人民代表大会为基本形式的社会主义民主政治既是社会主义公有制的内在要求与根本保障，也是建立市场经济体制的客观要求与根本条件。为此，应当坚持与完善人民代表大会制度，进一步理顺人民代表大会与其他机构特别是行政机构的关系，真正实现与切实保障人民代表大会的职能与权威。同时，要改革完善人大代表的选举方式，有条件的地方逐步实行人大代表差额选举、直接选举与竞争性选举制度，保证人大代表的质量，提高人大代表的政治文化素质与参政议政能力。

（二）耿明斋教授公有制与市场化改革思想的重要价值

从其内容来看，耿明斋教授的公有制与市场化改革思想既是涉及社会主义本质特征与发展方向的重大理论问题，也是关乎中国市场化经济体制改革与经济发展的方向与成败的重要现实问题，因而属于“顶天立地”的研究课题。面对这些重大问题，耿明斋教授以高度的社会责任感、极大的理论勇气、扎实的理论功底和科学的研究方法，进行了深入系统的研究，提出了具有科学性、现实性、创新性与超前性的重要观点，形成了耿明斋教授公有制与市场化改革思想。耿明斋教授公有制与市场化改革思想，对于推进我国社会主义公有制与市场经济的理论创新与制度创新、推动新时代中国经济改革与发展，具有重要的理论价值与现实意义。

从其理论价值来看，耿明斋教授公有制与市场化改革思想科学地阐释了马克思关于“自由人联合体”和社会主义公有制本质特征与实现形式的科学理论，提出了坚持社会主义方向、坚持公有制主体地位和实现劳动者主人翁地位与个人所有权的观点，根据我国实际国情提出了推动公有制实现形式创新的见解，这对于我们推动与实现社会主义公有制的理论创新、构建中国特色社会主义公有制理论具有十分重要的学术价值。耿明斋教授根据市场经济一般规律与我国经济发展的客观要求阐述了中国市场化经济改革的实质、方向、目标与重点，极大地丰富和深化了我国市场化经济改革理论。

从应用价值方面来看，耿明斋教授公有制思想对于我们坚持社会主义方向与公有制主体地位、探索公有制新的实现形式，具有重要的指导作用；耿明斋教授市场化改革思想对于我们深化企业改革、所有制改革，形成市场化经济运行机制，建立与完善社会主义市场经济体制，促进我国经济高质量发展，具有重要的实用价值；耿明斋教授关于我国社会主义经济体制改革与政治体制改革的深刻见解与对策建议，对于不断推进我国市场化经济转轨与现代化，社会转型、加快实现社会主义现代化，具有非常重要的现实意义。

参考文献

1. 耿明斋. 中国经济社会转型探索[M]. 北京:社会科学文献出版社,2008:185-191.

2. 蔡继明,耿明斋. 公有制商品经济中的收入分配[M]. 西安:陕西人民出版社,1993:179-182.

3. 耿明斋. 从马克思关于“自由人联合体”的设想到农业生产责任制的实践[J]. 河南大学学报(社会科学版),1984(6).

4. 耿明斋. 企业产权转让研究八题[J]. 南开经济研究,1989(1).

5. 耿明斋. 关于企业内部分配制度改革的几点思考[J]. 河南大学学报(哲学社会科学版),1989(6).

6. 耿明斋. 进一步改革国家所有制关系的思路[J]. 探索与争鸣,1991(4).

7. 谷书堂,耿明斋. 对我国经济体制改革的回顾和思考[J]. 南开经济研究,1991(5).

8. 耿明斋. 布鲁斯的价值规律作用理论述评[J]. 河南大学学报(哲学社会科学版),1991(3).

9. 耿明斋. 兰格社会主义资源最优配置理论介评[J]. 河南大学学报(哲学社会科学版),1988(6).

10. 耿明斋,张建伟. 公有制与市场经济的矛盾及解决途径[J]. 决策探索,1995(12).

11. 耿明斋. 论社会主义劳动者的双重身份和社会主义个人消费品的双重分配[M]//河南大学研究生论丛:第一版. 开封:河南大学出版社,1987:52-63.

为中原谋发展的经济学家

——有感于耿明斋教授对中原发展的贡献

张振立[1]

1982 年，我与明斋兄相识。当时，我在河南大学进修政治经济学。周守正教授让我与他带的硕士研究生一起上课。我有幸与耿明斋、王献立、蔡继明等硕士研究生成为同学好友。1985 年，我考入兰州大学硕士研究生班政治经济学专业。毕业后，先后在青海省委党校、广东江门五邑大学和珠海高新区工作。

几十年来，虽天南地北，我与耿明斋教授的联系一直没有中断，或书信来往，或相互问候，或见面交谈。2016 年，我与耿教授在郑州会面深谈，他诚恳地聘请我担任中原发展研究院的教授，助力中原经济区、中原城市群的发展研究工作。我愉快地接受了这项工作。

被聘期间，我更加关注河南家乡和中原地区的发展，更深层次地了解了耿明斋教授，进一步认识到耿教授创办中原发展研究院的初衷和宗旨。除渊博的专业知识和精湛的学术修养外，耿教授站得高、看得远，有运筹帷幄的大局意识和战略思想。

中原是中国的中心地区，所谓“得中原者得天下”，说明了中原的中心位置和枢纽地位，是中国稳定和发展的基石。改革开放虽然从沿海地区开始，但

① 张振立，1982—1985 年在河南大学经济研究所学习，曾在青海省委党校、五邑大学和珠海高新技术开发区工作，2016—2020 年被聘为河南大学中原发展研究院特聘教授。

最终的成功必然取决于中原地区的崛起。河南是中原的主体，郑州是河南的省会，着力发展以郑州为中心的城市群、形成集群式的城市格局，是河南省委省政府的必然选择。

“郑汴一体化”是21世纪初耿教授为积极配合省委省政府决策进而启动中原城市群建设提出的战略构想。这个构想激活了整个中原发展的战略格局，将郑州和开封两个城市不同的发展格局整合在一个更大的格局中。发展空间的扩大、发展资源的整合、发展链条的衔接，优化了跨市域的交通格局、产业格局、通信格局、生态格局和城市建设格局，形成了推进中原城市群建设的示范地带。由于其示范效应的不断扩大，郑新一体化、郑许一体化、郑焦一体化接踵而来，形成了以郑州为核心，开封、新乡、许昌、焦作为骨干城市的郑州都市圈雏形。无论是“1+4”抑或“1+8”的郑州都市圈，还是包括豫、晋、冀、鲁、皖5省30多个地级城市在内的中原经济区，都是小格局向大格局的演变。

21世纪以来，中国城乡建设的格局逐步向城市群、都市圈、经济带（区）演变。京津冀、长三角、珠三角、大湾区、成渝、长江中游、中原、关中、环渤海、海峡西岸等集群式发展格局日益形成。

不谋全局，不足以谋一隅。只有大格局，才有大发展。城乡融合发展、城市集群发展，是21世纪中国经济社会发展的新格局。耿教授是研究区域经济的著名经济学家，他提出的“郑汴一体化”破解了区域经济协同发展的难题。从小格局的一城一地，到大格局的多城多地，发展环境、产业布局、交通条件、资源配置都发生了数量上和质量上的重大变化。遵循“一体化发展”规律，行政性障碍需要排除，大市场环境需要营造，优势产业的链条需要拉长，短板需要补齐，发展的各类主体需要统筹协调。这些新问题的解决，将深化改革、扩大开放引向更新更高的境界。我们欣喜地看到，郑州航空港经济综合实验区，包括郑州、洛阳、开封在内的河南自由贸易区，郑洛新自主创新示范区等新的国家级平台，为中原发展带来了新的引擎。郑州作为建设中的国家中心城市成为中部崛起的一面旗帜，它周边的开封、洛阳、新乡、许昌、焦作也成为更加耀眼的明星城市。现在看卫星拍摄的城市集群亮度，以郑州为中心的都市圈点亮了中原大地，为中华民族伟大复兴交出了中原日益崛起的“答卷”。

对于“郑汴一体化”，也有人提出了不同的看法。他们认为资源向郑州聚集，产业向郑州集中，会使郑州与周边城市形成新的落差，郑州的发展是以牺牲周边城市发展为代价的。耿明斋教授对这种看法给予了既实事求是又高瞻远瞩的分析。他认为“一体化发展”是优势互补、互利双赢的发展，是小格局变成大格局，是发展空间的扩大、发展机会的增加、发展层级的提升；中心城市的强势发展，为周边城市营造了更高层级的发展环境，带来了产业优化升级、城市顺势而为、借势求强的机会。“郑汴一体化”对周边城市虽“有得有失”，但“得”是大局，是长远，是共生共赢；“失”是局部、暂时的利益，是大发展的小代价。总体来说，“得”大于“失”。事实越来越证明，只有融入都市圈的大格局，才能共享大发展的共同成果。一体化的大格局因融合而共生，因共生而共享。

耿明斋教授不但提出了“郑汴一体化”的战略构想，他还通过一系列课题的研究、一个个具体的政策措施建议为中原一体化高质量发展提供策略支持。他先后创办的中原发展研究院、中原经济发展研究院都成为河南省知名的智库。智库课题组将省委省政府的决策、各地市的战略定位和路径选择、各类企业发展面临的问题、城乡建设应有的布局等具体事项进行系统性研究，通过深入调查、系统分析、比较研究、优化选择，提出对策建议，为各个层面的决策提供科学支持。

被聘期间，我多次参加了由耿明斋教授主持的课题论证会和课题评审会。每个课题耿教授都强调宏观上要从发展大局着眼，从发展大趋势中把握目标定位，把握关键节点，使课题研究具有目标指向、问题导向的战略意义。同时在微观上要通过深入的调查研究，将分析具体化、逻辑化、系统化，使各种条件满足可行性、可操作性的需要。既高瞻远瞩又脚踏实地是研究院长期形成的学术风格。

耿明斋教授注重和善于比较分析。在具体的课题中，他强调要把各个发展主体放到更大的视野中进行系统比较，通过比较把握特性和特色。譬如，中原经济区与长三角、珠三角、大湾区、京津冀的比较，郑州和杭州的比较，开封与新乡、许昌的比较，滑县与长垣的比较，等等。通过各个方面、各个维度的比较，认识不同发展主体的战略定位、路径选择、优势营造、特色形成、经验启示，在各个选项中找到最佳方案。经比较分析得出的路径选择和策略建议具有可参照性、特色性和适用性。

耿明斋教授特别强调课题研究一定要以深入的调查分析为基础，不能先入为主地“想当然”。在我参与的开封特色小镇建设、顺河区发展、禹王台区发展、沿黄地带发展等课题研究中，耿教授都特别强调要亲临实地进行摸底调查，并亲身带队深入村镇社区企业，进行面对面的座谈交流走访，掌握真实情况。在“千村万户”调查中，耿教授要求调查人员一定要登门入户，与不同身份的家庭成员逐一交谈，掌握乡村就业、社保、教育、医疗、进城务工、收入、支出等真实数据，为城乡融合发展找出深层的根系。调查研究环节抓得实，课题研究才能做到不说假话、不说空话、不唱高调。

耿明斋教授强调课题研究要以创新为灵魂。耿教授认为，课题研究要着眼于打破“瓶颈”、解决问题，以创新引领突破性发展。目标指向是宏观上的大局思维，问题导向是微观上的节点思维，只有方向正确才能大步前行，只有解决问题才能突破堵点持续发展。要解决问题，就要有新思路、新方法、新措施，创新是解决问题的唯一途径。耿教授要求课题研究不能只提出问题、罗列问题而拿不出解决问题的办法。在课题评审中，没有创新的课题是通不过的。

中原发展的大格局不断演变升级，内涵日益丰富，前景越来越鼓舞人心。从“郑汴一体化”到“郑汴同城化”，从郑州、开封、新乡、许昌、焦作的“1+4”都市圈，到郑州、开封、洛阳、新乡、许昌、焦作、平顶山、漯河、济源的“1+8”都市圈，格局越来越大，前景越来越好。中原城市集群发展的新格局呼唤更大的手笔、更高的智慧、更多仁人志士共同的努力。

中原大发展是融合与创新并进的历史过程。在融合中创新，在创新中融合，大融合中实现系统性创新，系统性创新中实现更高层次的融合，通过融合与创新不断递进的进程，绘就并实现中原亿万人民期盼多年的蓝图。

衷心祝愿耿明斋教授及其同仁们在新的征程中迈出更大的步伐，奉献更多的智慧，为中原发展做出更大的贡献。

2022 年 9 月 20 日于珠海

第四篇

明斋观察

耿明斋教授的思想一直活跃在社会发展演化的前沿，他阅读广泛，思考深入，笔耕不辍。所涉议题既关注中原发展，也关注国家与社会。既有针对具体问题的意见建议，也有对关乎人类命运重大课题的哲学沉思。每一篇都有独到见解。本篇的文章是从耿明斋教授的个人微信公众号“明斋观察”和他创办的河南中原经济发展研究院的微信公众号“中原经济”中选出来的，供大家分享。

明斋观察

“明斋观察”是耿明斋教授2020年创办的个人微信公众号，从2020年4月15日发布第一篇文章《近代世界百年轮回的开端——三十年战争》开始，至2023年3月13日发布的《现有利益格局下实现农业现代化的可靠路径——南乐县土地托管经营调查》，耿明斋教授在“明斋观察”微信公众号共发布51篇共计30万字左右原创文章。

CCDR 中原经济

CCDR

“中原经济”是由以耿明斋教授为核心的专家团队成立的河南中原经济发展研究院（Central China Development Research Institute）创建的微信公众号，主要发布研究院基于“研究问题、服务社会”基本理念下的研究动态与研究成果。

第七章　文明探索

近代世界百年轮回的开端

——三十年战争[①]

耿明斋

1618—1648 年，欧洲经历了一场持续三十年的战争。

战争缘起于宗教争端。

作为文艺复兴运动的一部分，从 16 世纪开始，欧洲开启了一场轰轰烈烈的宗教改革运动，并由此诞生了以路德和加尔文为代表的新教派，与罗马天主教分庭抗礼。新教和天主教两大教派势力以德国为中心，各自占据不同地盘，大体上说，由哈布斯堡家族统治的德国大部分地区和西班牙属于天主教的势力范围，而同属德国的波希米亚也就是今天的捷克，以及北欧的丹麦、瑞典等属于新教的势力范围。随着宗教改革深入和势力增长，新教与天主教传统势力的冲突也越来越剧烈。德意志神圣罗马帝国皇帝斐迪南二世的使臣在波希米亚发生了被掷出窗外事件，成为战争导火索。皇帝派兵征伐，爆发了波希米亚战争，拉开了欧洲三十年战争的序幕。

结果波希米亚军队被打败，这引起了欧洲新教国家的担忧，于是北欧强国丹麦出兵进入德国，对皇帝军队开战，战争进入第二阶段，由德国国内战争转向国际战争，结果是丹麦先胜后败。瑞典接着再战德国皇帝，结果皇帝军队大败，不巧的是，瑞典却因瑞典国王阵亡而不得不撤出德国，给了皇帝军队喘息

① 本文选自耿明斋教授在“明斋观察”公众号 2020 年 4 月 15 日发布的同名文章。

的机会。法国本来也是信奉天主教的国家，但它一直有着称霸欧洲的雄心，而实现雄心的障碍总是哈布斯堡家族统治下的德国和西班牙。所以，法国一直私下里支持新教国家对抗哈布斯堡家族。瑞典受挫后，法国担心哈布斯堡皇帝东山再起，所以由台后走到台前，直接加入了战争，先是出击西班牙，然后对付皇帝军队，最后哈布斯堡皇帝被逼入墙角，不得不求和并于1648年各方签署《威斯特伐利亚和约》，结束了战争。《威斯特伐利亚和约》开启了以条约解决国际争端的先例，是近代以来第一个确立国际规则和建立国际秩序的条约。该和约承认大小国家一律平等，承认新教和天主教各自信教自由，互不相扰，有矛盾冲突协商解决，等等。最后结果是法国实现了称霸欧洲的愿望，成为战争的最大赢家，而哈布斯堡家族彻底退出历史舞台，神圣罗马帝国基本解体，德国又恢复到中世纪庄园制时代，全国数百个封地诸侯自成体系，散乱如麻，此后两百年间在欧洲的政治历史舞台上基本上处于消失状态。

三十年战争也是近代以来百年一轮回的开端。自那时起到现在的三百年间，差不多每过百年就会发生一次世界性的大动乱和秩序重建过程。18世纪是奥地利王位继承权战争，19世纪是拿破仑战争，20世纪是两次世界大战。二战后和平发展不足百年，一些被挑起的民族主义情绪又开始让世界惴惴不安了。难道是21世纪的新轮回又开始了？

一个经济学人的文化或文明迷思①

耿明斋

一、大学课堂上觉察到的异域文明之光

上大学前，我从中小学历史课本和《毛泽东选集》等少得可怜的文献中所了解到的所谓“文化”或“文明”的概念，只有中华文化或文明一种，辉煌形态自然是春秋战国时代的百家争鸣，代表人物有孔、孟、老、庄。在大学本科阶段，我们开了一门“哲学史”课，教授这门课的是学养深厚的刘象彬老师，他虽然不善言辞，却言简意赅、透彻深入，给我留下了比较深的印象。得到的基本认知是，原来古代辉煌的文化或文明中国有，外国也有！且差不多和中国春秋战国同时期出现的希腊文化或文明及其代表人物如苏格拉底、柏拉图、亚里士多德等，其理论的系统性和思想深度，比之中国春秋战国时代诸子甚至有过之而无不及。这犹如长期处在四周封闭的房间中早已习惯了被同一种色彩包围的我，突然看到了一束从天窗缝隙中射进来，来自遥远天际的光一样，让我久久迷思，产生遐想。但后来由于聚焦于经济学的学习研究，这些迷思和遐想也就沉淀于潜意识中了，直到 20 世纪 90 年代中期以后，才又逐渐浮现出来。

① 本文选自耿明斋教授在“明斋观察”“中原经济”公众号 2022 年 3 月 16 日发布的同名文章。

二、区域现代化比较中发现文化因素

从20世纪80年代初开始，我在农业联产承包责任制、工资制度、所有权、股份制、资本市场等各个具体问题领域盘桓研究多年以后，在90年代中期开始转向传统农区工业化领域。在比较中我发现，像河南这样的传统平原农区，工业化之所以落后于江浙沪和广东沿海等地，本质上是由于排斥商业的农耕文化历史太久，传统积淀太深，又地处内陆，近代源自西方、以海洋为传播途径的工商业文化影响滞后。换句话说，工业化及经济发展背后是文化问题，区域差异背后是文化差异和文化冲突。这又唤醒了我潜意识中沉睡了数十年的对文化的关注，我开始迷思文化与经济的关系问题，甚至还发表了一篇题为《把文化纳入经济分析的必要性及其方法》（《经济学动态》2007年第3期）的论文。

三、“李约瑟难题”讨论达成的共识

大概也是在这一时期，“李约瑟难题”开始受到一些经济学者的关注，进入经济学研究视野。李约瑟是英国剑桥大学教授，20世纪40年代初，因要支持中国的抗日战争，他被国际组织派到重庆考察，因此接触了古老的中国文化并对其产生了浓厚的兴趣，回去以后他就从科学技术史切入开始了系统研究。经过多年不懈努力，他取得了巨大成就，出版了包含数十卷本的《中国科学技术史》皇皇巨著。他的研究得出了一个基本结论：从3世纪到13世纪的一千多年中，中国科学技术史始终处在世界前列，只是在最近五百年来，才落在了西方的后面。这也引出了一个重大问题：为什么近代以来中国落后了？或者换句话说，究竟是什么样的原因，导致最近五百年来中国落在了西方的后面？虽然他自己给出了一些解释，也有不少学者尝试从不同角度给出答案，但是，到目前为止，似乎没有一个答案是令人满意的。

经济学家关注这一问题，是从现代化的视角，试图从深厚的历史传统中找到阻碍现代化发展的因素，并从根本上铲除它。所以在经济研究领域，这个问题又被归结为产业革命问题，即开启现代化进程的产业革命为什么是爆发在英国而非中国？虽然“李约瑟难题”无论从哪个角度看都没有明确的答案，但基本的共识却正在形成或者已经形成，那就是，经济社会现代化背后是文化或文明转型问题。

四、文明是一个整体

科学技术及依存于它的经济社会结构，都是在特定文化或文明结构土壤中孕育的，某种文明形态在特定历史阶段或许会引领科学技术及经济社会结构走到前列，但如果长期不变、固化老化，就会对科学技术及经济社会结构形成桎梏，导致落后。文化或文明结构是科学技术及经济社会结构的内核与基础，后者则是前者的载体，要改变科学技术水平及经济社会结构形态，一定是先改变文化或文明结构。据此逻辑，近代以来西方由科技进步为先导的产业革命，及由此开启的经济社会结构现代化进程，是从文化或文明结构的裂变开始的。这一点，陈浩武先生在他的《人类文明进程 100 讲》（见“喜马拉雅”网络平台）中有较为详细的阐述，我们下期将介绍和讨论。

所以，1840 年英国以坚船利炮撬开中国的“大门”，开启了中国的现代化进程，表面上是技术和器物之争，背后却是以不同器物为载体的经济社会结构及其文化或文明结构形态的碰撞，这也为后来中国现代化进程中一系列历史事件所证明。比如，先是以器物现代化为目标的洋务运动，甲午战争以后的戊戌变法和辛亥革命，目标都是制度现代化，五四运动则是文化或文明现代化的尝试。这都是两种不同文明形态在不同层面上冲突碰撞的表现形式。

日本启蒙学者福泽谕吉说文明是一个整体，马克思说社会是一个有机体。这些大思想家高度浓缩的箴言，很值得我们在思考中国现代化时回味。

认识人类文明演化的路径与方向[①]

耿明斋

一、文明传播的“草原通道”

央视9频道有个“考古公开课”栏目，大抵是邀请考古界的专家讲一些考古新发现，向大众普及一些考古知识之类的内容，不仅可以为我们这些外行人传授新知，往往也有很强的故事性，我比较爱看。昨天公开课的内容是请中国社科院的一位考古专家讲农作物即“五谷”起源，说河姆渡及良渚文化遗址证明距今5000～4000年稻作农业已经在长江中下游普及，而北方黄河流域同时期的主要农作物有粟（谷）和糜（黍、稷），还有大豆，而且证明这些作物都是中国原生的，是我们的先民从大体相同性质的野草类植物培育驯化而来的。位于河南漯河舞阳县的贾湖文化遗址甚至发现了距今8000年的碳化稻米颗粒。说到目前我们饮食结构中最重要的粮食品种之一小麦，考古专家给出了一个现在不少人已经知晓的答案，即其原产地是两河流域，时间在距今10000～9000年。

那么，小麦是什么时间经由什么样的途径传入中国的呢？专家说小麦是在距今4500～4000年传入中国的，因为现在我们国家考古已经发现的数百个能

---

① 本文选自耿明斋教授在“明斋观察”“中原经济”公众号2020年7月21日发布的同名文章。

够证明小麦存在的文化遗迹，距今都在4500～4000年。在回答传播路径时，考古专家给出了一幅小麦文化遗址分布图，大致从新疆天山南北向东南经河西走廊延伸到黄河中下游，呈弧形带状分布。这似乎是要给出一个大家都能想到的答案，即小麦是从西亚经由新疆和河西走廊传入中原腹地的。但专家说不是，因为年限最早的小麦文化遗存不是在西边的新疆与河西走廊，而是在最东边的山东半岛。证明小麦最早传入中国的地点不在西边，而在东边，小麦最早的传输路径不是河西走廊，而是另一条直达东方的通道，这就是位于中国北边的“草原通道”。也就是说，我们看亚洲地图，从中国的东北经蒙古、哈萨克斯坦，过阿姆河、锡尔河及里海流域，一直延伸到两河流域，基本上没有高山大川阻挡，是连续展开的草原地带。虽然距离遥远，但对于逐水草而居的游牧民族来说，沿羊群移动路线将两河流域的小麦带到中国北方并南下山东是非常容易的事情。所以，中国北方这个连通中原腹地和西亚的古代文明传输路线并不费解。汉武帝时期张骞经河西走廊开辟另一个文明通道，是因为北方草原民族强大起来以后把“草原通道”给切断了。

二、“草原通道”的认知可以澄清更多的历史事实

比如，中国金属冶炼技术的源头就是一个至今未被澄清的历史问题。也许少数专家已经明白，但至少还没有进入人们的常识体系中。我们通过司母戊鼎和近年来出土的其他各种青铜器物，知道商代青铜冶炼技术已经比较成熟，但似乎没有在教科书上发现有对商代青铜冶炼技术来源的解释，至少在我们这一代人记忆中是这样。我看过四川成都“三星堆”出土的更为精美的青铜器物，没有人说明它的技术源头，也没有人说明它与中原商代青铜器冶炼技术之间有无关系。中国冶铁技术的普及是在战国时期，也没有人说明我国冶铁技术的源头在哪里。近些年随着知识的传播和交流范围的扩大，我们也有机会听到、看到甚至直接接触到更多的文明演化信息，然后才有恍然大悟、茅塞顿开的感觉，不由得在内心发出感慨，啊！原来世界是这样！原来还有这些东西存在！记得第一次受到这样的文化冲击是在2006年秋冬之交，我们应邀到英国卡迪夫大学访问交流并谈合作，在伦敦大英博物馆看到一个公元前1000年时期的希腊青铜器物，其精美程度远超我看到过的商代青铜器物。在此之前，我对青

铜器物的唯一信息是商代有这东西，自然也认为那是最好的，唯一的当然是最好的。现在不仅看到了“唯二”，而且看到了比唯一更好的，难免惊叹感慨。后来看《世界历史》100 集纪录片，知道了更多过去不知道的人类文明演化信息。比如在伊拉克北部幼发拉底河上游有公元前 7000 年（距今 9000 年）的莫耶村落遗址；公元前 3500 年左右两河流域楔形文字和埃及的象形文字已经基本普及；也是在这一时期的这些地方，青铜器物已经出现并被普遍使用；公元前 1700—公元前 1400 年，位于小亚细亚的赫梯王国曾经垄断冶铁技术数百年；公元前 1800 年巴比伦的《汉谟拉比法典》已经在规范民事行为方面具有了今天同类法律条文的意思；等等。这些文明符号大体都比我国早 1000 ~ 2000 年。那么问题来了，我国文明的演化与他们有没有关系？有没有受到他们的影响？过去的历史教科书没有说或者很少说，现在专家说有，但是并没有明确答案。最主要的原因可能是历史太过久远，无据可查，专家确实也不知道，因为远古时代的很多文明信息都是通过考古发掘研究慢慢被发现的。相信随着观念的转变和更多更有价值的考古发现，远古时期东西方之间文明相互交流、相互影响的事实和方式也会逐渐被更多地揭示出来。

“草原通道”文明传输路径的提出就是一个很重要的进展。前些时候，我也在想，中国古代的金属冶炼技术是否是通过北部草原民族传入中原地区的？当时还不知道小麦的传输路径，不知道有“草原通道”一说，我私下曾经向几个朋友表达过这种猜想。促使我萌生这一想法的理由有两个：一个是西亚两河流域冶铁技术的普及早于我们至少 1000 年；再一个是中国上古历史上至少至周代以来一直都受到北方少数草原民族的侵扰，而且似乎败多胜少，秦汉以来更甚。这让我想到，草原民族仅仅是因为身体强悍恐怕不足以对如此庞大的汉民族构成威胁，其武器应该也不差。他们的武器，或者说他们的冶铁技术哪儿来的？逻辑上应该不会来自中原汉民族，因为如果汉民族率先掌握了冶铁技术，不会把这种制造锋利武器的技术轻易传给匈奴。这两个事实再加上北部草原东西相通的地理环境，就构成了一个文明传输的完整逻辑：西亚两河流域早 1000 ~ 2000 年成熟的金属冶炼技术，通过东西无阻碍连接的北部草原通道，由游牧民族传输到了遥远东方的中国中原腹地。现在，考古专家通过小麦传播肯定了远古时期存在这一文明传输通道，那我们也可以合理地推定，金属冶炼技术也是通过这一文明传输通道，从遥远的西亚两河流域传输到中国中原腹地的。剩下的问题需要通过考古发掘和专家研究来证明。

三、关键时刻需要认清和把握人类文明演化的路径与方向

纵观近万年人类文明演化的历史，我们可以看到，从文明曙光开启到公元5世纪末罗马帝国灭亡，在长达近8000年的时期内，欧亚非交界地区，从两河流域到埃及，从波斯湾到地中海，空间焦点虽然不断转换，主导民族也是你方唱罢我登场，但潮流却始终在该地区激荡，把人类文明推向一个又一个制高点。然后是将近1000年的中世纪文明衰落期，再往后是由文艺复兴、宗教改革、地理大发现以及持久的科学技术进步引领的现代化时代。在人类文明演化史中，另一个有趣的现象是，从来没有过哪一个民族、哪一个国家是永远站在文明演化前沿的，引领人类文明演化的旗手总是不断转换，不管哪个时期，站在潮头的总是那些把握住了人类文明演化方向并赢得先机的民族与国家。最新一轮文明演化是由技术进步引领的生产方式和社会组织形式变革引领的。我们的先民创造并独立发展数千年的古老中华文明，也无可回避地被卷了进来。在近两百年的时光里，不仅有血与火的搏斗，也有激烈的思想碰撞。追随人类文明演化的轨迹、实现中华民族伟大复兴，应该是我们坚定不移的目标。在当前世界百年动荡轮回迹象日益凸显的关键时期，更应该排除干扰，坚定前行，防止落入各种可能阻断我们现代化进程的陷阱。

文明成长的机制[①]

耿明斋

文明成长的机制是指在静止状态的文明中，由于某种原因出现了具有“神秘灵感”和“超常人格”的“创造性天才”。他或他们的出现立即把文明群体分割为两部分，即从静止状态的传统文明沉睡状态中跃起的少数和仍然在传统文明静止状态中沉睡的大多数。具备超常人格的少数的创造性行为是人类文明跃升到新高度的标志，也是所有沉睡大多数前进的方向和目标，待这些在传统低级文明状态中沉睡的大多数都跃升到这个高度以后，新的文明也就成长起来了。

但是，新文明的成长过程总是艰难曲折的，因为超常人格的创造性行为一开始总是少数，总被传统低级文明状态中的大多数认为是异类，总会遭遇被扼杀的危险。所以，文明的成长也是一个少数与多数、新与旧斗争的过程，这种斗争或许很激烈，结果要么是少数和新的文明胜利，要么是失败从而被扼杀。确实如此，从各种不同的人类文明类型成长过程中，都能找到很多高级形态文明曙光在刚刚出现时就被扼杀的案例，比如意大利科学家布鲁诺因为信奉并宣传日心说而被判为“异端”，并被活活烧死，晚清很多睁眼看世界的仁人志士也为在传统低级文明中沉睡的大多数所不容。

汤因比认为，理论上，要确保毫无创造性的大多数人跟随那些具有创造性

① 本文选自耿明斋教授在“明斋观察”“中原经济”公众号2021年12月25日发布的同名文章。

的少数先进文明的领导者，有两个办法：一个是向后者直接灌输，另一个是劝诱后者模仿。但是，靠灌输的方式将创造力从一个灵魂传递给另一个灵魂是“无法实现的空想”，所以最好的办法是“运用模仿能力”。因为模仿是人类从动物社会行为中继承下来的一种原生能力，是最容易成功的捷径。

汤因比进一步分析道，文明的成长过程往往表现为“归隐”和“复出”。具有超常人格的创造性个体的文明新曙光诞生过程，从个体行为来看，具有超常人格者总是先从传统停滞沉睡文明状态中退出，积聚能量，然后能量爆发，将其创造的新文明曙光展示出来。从个体与群体关系的角度来看，表现为超常人格者归隐与复出。历史源头上很多新文明曙光的诞生都是以归隐和复出的形式表现出来的，不管是以神话故事表达的，还是以宗教故事表达的，无不如此。

柏拉图用“洞穴人”的故事，讲述了文明成长过程中归隐和复出造成的个体与群体以及个体自身的困扰。他假设一个在洞穴中长期背对光明站立的“洞穴人”，认为外部光线折射到洞穴壁上的形象就是外部世界的真正状态，但当他突然转过身来面向真实的外部世界的时候，看到的却是与原来认为不一样的形象，他自己会很困惑，一直处在阳光下的群体也会认为他臆想中的世界是另类，当他再回到洞穴壁上折射的世界状态中的时候，自己也会在内外之间、真实和想象的世界之间交叉错乱。

总之，核心的道理是，先进文明总是由具有超常人格的个体率先创造的，然后以劝诱模仿的方式传递，逐渐将沉默在传统文明状态的大多数人的思维和行为提升到超常人格者的创造水平，新的文明诞生了，文明就成长了。这个过程很曲折。

以近代工业文明为代表的现代文明对于中国来说虽然不是原发性的，但被接受、被传播的过程也经历过许多曲折。

这个逻辑又遇到了哲学上的老话题，即到底是英雄创造世界，还是群众创造历史？如何看待个别历史人物行为和广大群众行为在历史演进中的作用？托尔斯泰在其所著的《战争与和平》一书中，就在拿破仑入侵俄国这一历史事件来龙去脉的讨论中，反复说到这一话题。他的观点是，一切事件结果的发生都不是事先布局和预知的，而是无数人按照自己的习惯和思维方式行动的产物。这接近于群众创造历史的历史唯物主义观点。20世纪80年代以来，中国学术界也有历史决定论和历史选择论的争论。看来这里面有永远说不完的话题，或许正因如此，一代代哲学家和思想家才有了表达的空间。

从文明演化中求索现代化答案[①]

耿明斋

一、求索文明演化与现代化的关系

经学生提醒，得知存在有声读物这一事物，尝试后感觉好处多多（一可免买书、带书、翻书之苦，只要在手机上下载一两个相关的App即可，极为方便；二可免费；三可保护眼睛；四可节省时间），遂不愿释手。从2020年新冠疫情暴发憋在家里开始，相继听了法国作家罗曼·罗兰的《约翰·克利斯朵夫》、俄国作家托尔斯泰的《战争与和平》、英国作家毛姆的《人性的枷锁》等文学名著。大约一个月前，我在翻动手机屏幕浏览相关信息时，不经意间看到跳出一则广告，起初以为是网上售书，就随手点了付费，结果被引导到了一个名为“喜马拉雅”的读书网站，下载了App后，找到了陈浩武先生《人类文明进程100讲》有声读物，听完后收获良多，感觉确实是多了一个观察人类文明史的新视角。

我对文化或文明的关注，源于对中原特别是中国现代化及经济社会转型的研究和认知，关于这一点，此前我曾在多篇论文、著作、短文、随笔中提及甚至专门交代过。自20世纪90年代中期尤其是进入21世纪以来，我思想中一直

---

① 本文选自耿明斋教授在“明斋观察”“中原经济”公众号2022年3月23日发布的同名文章。

纠结的一个问题是，到底中原尤其是中国的现代化是否以及在多大程度上与文化或文明相关？为了解开这一疑问，我有意无意中断断续续接触了一些相关文献，如“李约瑟难题”相关材料、央视纪录片《世界历史》100 集、日本学者盐野七生的《罗马人的故事》、英国学者汤因比的《历史研究》和《从东方到西方》、中国旅美学者唐德刚的《历史的“三峡”》等。这些文献多数并不直接与我的疑问相关，但却在我的意识中展现了一个宏大且波澜壮阔的人类历史画卷，大大拓展了我的视野，让我能够全方位多视角审视中原尤其是中国现代化进程，从而更加丰富了我对中国现代化过程的认知，甚至逼近我一直追索问题的完整答案。陈浩武先生的《人类文明进程 100 讲》，为文化或文明与现代化的关系提供了更基础、更丰富，也更直接的思想材料和更清晰的历史脉络。

二、文明是基于个体与群体关系的社会秩序

想扼要叙述人类文明演化的思想轨迹和历史脉络，还需从进一步厘清文化或文明概念更为深刻的内涵开始。

无论在日常话语体系中还是在各种文献中，文化和文明都是出现频率很高的词汇。但到底什么是文化和文明？确实众说纷纭，差异很大。要是从学术研究的角度去梳理相关文献，那对文化和文明的解释一定是多如牛毛，要理出个中头绪，脑细胞消耗不会少。这种研究并非我本行，未敢造次，只是在浏览相关文献和接触各种道听途说中不断自我琢磨，用自己的语言概括出一些并不严谨的定义，但自认为对于文化与文明认知，解释持续留存于自己意识中的疑惑，还有用处。比如，“文化是人类所有的创造物”，这是 2007 年我发表在《经济学动态》上的一篇有关文化与经济发展关系的文章中所使用的概念。

但是，关于究竟什么是文明，我也在数十年前就请教过研究历史的学者，似乎一直没有得到过一个明确的定义，印象最深的说法是，国家的出现是文明进程开启的标志。这一说法后来我在看央视纪录片《世界历史》100 集时得到了确认。记得是聊城大学一位教授在对文化和文明进行解说时说“文明是文化发展到一定阶段的产物，其标志是国家的出现”。这个定义显然过于笼统，无法解释我的疑惑。国家是什么？为什么国家的出现是文明诞生的标志？直观地看，国家是规模化的人群集合，国家是秩序的象征，但国家的性质和秩序也是

多种多样的，比如有家天下和民天下的区别，也有独裁专制和民主共和的不同，为什么国家一定意味着文明？

在此前撰写的随笔中，我曾对文明下过两个定义：“文明的最简单表述，就是依存于技术的社会秩序形态”；“文明就是离动物越来越远，离人越来越近”。前者强调文明的社会秩序属性，后者是说文明是人的进化过程。沿着这一思路，进一步的问题是：究竟什么样的社会秩序和朝着哪个方向进化的人才配得上文明概念？这得回到人的个体性和群体性这个根本问题上来。人是个体，保证个体存在是其行为的优先选项，人又是群体的一员，其行为会影响到群体，也会受到群体的约束。人的这种双重特性与生俱来，并且伴随始终。这种双重特性在现实中表现为个体生存和群体生存的关系，个体从行为上表现为利己和利他的关系，利己是个体生存的需要，利他是群体生存的保障。为了同时满足这两种在很多时候相互冲突的需要，群体就需要一种秩序，在秩序中，利己行为被认可，利他行为被鼓励，损他行为被约束，这就是文明。换句话说，文明是基于个体与群体关系的社会秩序。

三、文明演化是循个体与群体关系平衡轴无限趋近人间天国的过程

文明的极致是利己和利他的完全统一，可行的方式是每个人都从利他出发，结果是每个人都从别人的利他行为中得到最好的享受。这种机制我在若干年前读到过的一本印第安人部落酋长写的书中看到过，他说在西方殖民者到来之前，印第安人的道德风尚和社会秩序就是这样的，每个人打到一头鹿，总是把最好的部位让给别人吃，每个人又都能从别人的赠予中吃到最好的。是西方殖民者到来后的极端利己主义行为破坏了他们良好的道德标准和社会结构。他认为，印第安人传统的道德标准和良好的社会结构才是人类社会未来令人憧憬的发展方向。

从发展和进化的眼光看，这位酋长描述的理想社会即使是曾经真实存在过，那也是人类社会的原始形态，肯定不是人类群体生存真正想要的。已经有研究证明，创造和进化几乎是所有生物的普遍诉求，不管是主动的还是被动的、有意识的还是无意识的，人自然也不例外。如果说人与其他生物之所以不

同，只是在于人的创造和进化是有意识的和主动的。创造需要激励个体，于是个体利己行为需要得到尊重。进化需要群体生存得到保障，于是利他行为需要鼓励，损他行为需要受到约束。建立兼顾该三原则、规范个体行为的社会秩序，就是文明。个体都以利他为优先选项，每个个体又都从他人的利他行为中最大限度地分享群体创造的成果，这是社会最和谐的状态，也是最良好的社会秩序和最理想的文明形态，正如上述那位酋长所描述的。但那是未来，是方向，是文明演化无限逼近或许永远不可能达到的状态。现实总是处在演化过程的某一阶段和某个点上，社会秩序也是处在个体和群体关系、利己和利他、自我约束和被约束的某个平衡点上。从长期演化过程来看，文明是无数时空点联结而形成的轴，轴上每一点所包含的个体和群体关系都是趋向平衡的。正是在这种意义上，我们说文明是个体和群体关系的平衡轴，文明演化是循该平衡轴无限趋近人间天国的过程。

这或许是认识文明与现代化关系的一个基础立足点。

第八章 中原发展

关于郑开同城化示范区定位、城市设计和制度设计方案的建议[①]

耿明斋

尹弘省长在政府工作报告中明确提出，要“推进郑开同城化发展率先突破，建设现代化郑州都市圈”，并“探索设立郑开同城化示范区”。郑开同城化示范区功能如何定位？空间如何选择？城市及推进体制机制如何设计？都亟须深入研究确定。为此，我提出如下建议：

一、郑开同城化示范区功能定位——都市圈核心引擎区

推进郑开同城化发展是习近平总书记的指示，也是省委省政府及郑州、开封两市正在紧锣密鼓谋划落实的都市圈建设重大举措，根据有关方面的信息，示范区空间西起郑州中州大道，东到开封金明大道，北至黄河，南至航空港，大致涵盖了郑州郑东新区、经开区、航空港区、金水科教园区、惠济区一部分、中牟县全域及开封西区和尉氏县一部分，面积超过1800平方公里，这与2018年省委、省政府颁布的《郑州大都市区空间规划（2018—2035年）》中的郑汴港核心引擎区基本重合。这里汇聚了郑州大都市区各种

① 本文选自耿明斋教授在“明斋观察”“中原经济”公众号2021年1月21日发布的同名文章。

顶级的功能，枢纽中心、商务中心、金融中心、创新中心、制造中心、文化中心等支撑发展的功能一个都不缺，还有一个巨大的生态绿心和著名的沿黄生态带。可以说，这里拥有整个大都市区最好的发展条件和最优的发展空间，这也是《郑州大都市区空间规划（2018—2035 年）》将这里定位为“郑汴港核心引擎区”的基本理由。建议也将郑开同城化示范区功能定位为郑州都市圈发展的核心动力引擎区。

二、做出顶级的功能区城市设计

枢纽会带动物流吸引制造业乃至人口聚集，再加上功能强大的商务、金融服务能力，还有文化及创意产业所带动的旅游等，当然可以成为重要的驱动因素，但这都难以适应技术依赖、创新引领和高质量转型发展阶段的需要。在该阶段，真正的核心动力引擎是强大的创新能力和持续孵化并不断扩张的高技术新经济形态，包括信息处理技术及互联网、人工智能、生物医药等，这是郑州及其大都市体系中所欠缺的，也是郑开同城化示范区未来的发展方向和抓手。为此，需要在两个方面从战略上做出谋划和规划：一是高质量创新平台和创新要素高密度聚集区，二是高技术新经济孵化成长空间。

基于上述思路，提出如下建议：

第一，在全球范围内招标聘请国际上最著名的咨询机构组成最优秀的专家团队，征求吸纳科学技术、经济社会、区域城市、前沿产业、教育文化等各领域顶尖专家的意见，形成核心区战略谋划方案。

第二，在全球范围内招标聘请国际顶尖城市规划设计机构，依据战略谋划方案，以创新平台和创新要素聚集和新经济孵化成长为聚焦点，拿出整个示范区空间的整体规划设计方案，经法定程序评审论证并核准后，使之成为未来示范区建设及发展过程中的硬约束文本，并严格遵循。

三、做出科学的同城化制度设计

要落实上述谋划和规划，首先要探索深度融合的郑开同城化发展制度设计和制度变革方案。相对于大都市，大都市区最突出的特点是一个功能区覆盖两个甚至多个行政区域和行政主体，郑开同城化示范区就覆盖了郑州和开封两个平行的省辖中心城市区域，有两个同级别的行政主体。在这种情况下，要使在战略上作为一个功能区整体谋划和规划设计的建设发展方案，按照硬约束的原则有秩序地落地，就必须在制度和体制机制上有一个可以深度一体化的设计。一是由于不同区域财力的差异可能导致基础设施建设难以按照规划要求同步到位；二是以各种福利保障为主要内容的基本公共服务供给难以均等化；三是为争取能带来较大潜在利益的优质项目和优质要素落地，可能造成竞争摩擦和整体效率的损失。这些都可能造成要素流动的壁垒，影响战略及相应规划的落地实施。制度和体制机制深度一体化的设计可以扫除要素流动的行政区域壁垒，保证同一个功能区按照统一的整体规划落地实施。

一般来说，涵盖不同行政辖区的统一功能区制度和体制机制深度一体化方案有三种基本模式：

一是兼并内化模式，也就是核心城市把同一都市功能区覆盖的另一行政辖区整体或部分兼并内化，变成一个行政区，使功能区和行政区完全重合，美国、日本等国家在大都市及大都市区形成过程中都有兼并或合并的案例，中国也有不少这样的案例，比如合肥合并巢湖，济南合并莱芜，成都合并资阳，等等。这是通过将外部区域内化实现完全一体化的模式，郑州也不排除通过行政区划调整部分合并周边区域的可能。但开封作为具有国际影响力的宋都古城，不可能以合并的方式使其消失掉，况且，一旦失去独立存在的城市，以它为载体的文化内核也就不存在了。所以，郑开同城化示范区的深度一体化，不可能通过合并模式的制度及体制机制设计来实现。

二是上海虹桥模式，即上层权威行政主体主持下的统一规划和基层区域行政主体分别开发建设和利益独享模式。上海市政府在市区西部区域以虹桥枢纽（高铁站+机场）为核心规划了面积达80多平方公里的商务功能区，覆盖闵行、青浦、长宁和嘉定四个行政区的部分区块。上海市政府没有像通常建设开发区的做法那样，把统一功能区中属于不同行政辖区的部分切出来，设置一个与各行政区域并列的新区域，成立管委会负责统一规划和建设运营，而是在不触动原行政辖区的前提下，创造了统一功能区域内分区域建设管理运营的模式。也就是市政府组织一个虹桥商务区管委会，负责功能区战略谋划和空间及建筑规划设计，并负责监督各项规划和功能的建设落地和规范运营。该管委会为市政府派出机构，人员编制和工资待遇全在市里，所有费用支出也由市政府负担，也不收取功能区任何投资运营收益和税收，只提供规划监督和管理服务。功能区覆盖到的四个区各自成立管委会，负责落实功能区规划中涉及自己辖区的部分，筹集建设资金，保证各相关建设项目及时落地，并负责自己辖区的运营管理，独享自己区域产生的投资及税收收益。

三是美国的区域合作模式——以规划、设施建设、土地开发、税收及公共服务供给等的统一为基础，实现深度的区域一体化。

美国城市发展历史上曾经受到大都市区内部多区域行政主体之间因利益重叠摩擦而造成的困扰，被学者称为大都市区的“巴尔干化”。为解决这一问题，他们选择了两种解决方案：一种是通过市县合并在大都市区建立权威的政府机构，也就是大都市区中的核心城市通过兼并或合并，把存在独立行政主体的周边甚至整个县域纳入其权威行政主体管辖之下。这类似于我们前面说的兼并内化模式。另一种是大都市区范围内的地方政府自愿联合建立，通过政府间协议、松散的大都市区协会、单一功能的特区或功能区解决大都市区的共同问题。在治理实践方面，明尼阿波利斯—圣保罗大都市区的制度安排是这种模式的典型个案。1990 年年初，他们对大都市区各个部分的政治与行政进行整合，其改革方案包括三个核心目标，即公平的住房、财产税共享和再投资，主要手段是区域土地规划和增长管理、福利改革、整合基础设施融资和管理。这大概也是浙江嘉善—上海青浦—江苏吴江正在探索的一体化模式。

综合考虑，我们认为上海虹桥模式比较适合于郑开同城化示范区的制度及体制机制设计，建议采纳这种模式。基本思路是，省政府设立郑开同城化示范区管理委员会，由其负责示范区战略谋划和规划，督促并监督规划的落地实施，所有费用均由省财政支付，不从示范区所属郑开两市收取管理费用和获取任何收益。两市也分别设立示范区管理委员会，负责自己行政辖区内示范区的筹资建设和项目引进及运营管理，并获取相应的投资收益和税收。开封可由西区管理委员会代行郑开同城化示范区管理委员会之职，负责落实涉及开封辖区的同城化示范区规划建设和运营。郑州管理委员会则负责涉及郑州辖区的同城化示范区谋划规划建设和运营。

郑开同城化示范区的实践试验，也可以为整个都市圈的一体化发展提供示范。郑新、郑焦、郑许等均可根据各自的比较优势，明确特定功能，划出特定空间，设立省级管理委员会和相应的城市管理委员会，由前者负责规划设计和监督实施，后者分别负责落实实施和运营管理。并逐渐将这种深度一体化的空间作为推动郑州和新乡、焦作、许昌等周边城市全方位一体化发展的重要支点。

美国模式可以留待未来进行探索和试验。

县域“十四五”规划与农业农村经济前沿重点问题的梳理[①]

耿明斋

2020 年是“十三五”规划收官年，也是“十四五”规划谋划年。目前，从上到下各级政府、各个区域层面“十四五”规划编制研究已经全面铺开。现在，规划早已不是“纸上画画、墙上挂挂”的程序化工作，而是要谋划战略、解决问题、确立推动发展总纲，各级政府都异常重视。中央和省域层面都有明确的战略导向和强大的研究力量支撑，市县域层面点多面大、具体情况复杂，往往需要专业研究团队协助。我们也受相关市县政府委托，启动了多个区域“十四五”规划前期研究工作，凭借团队学术积累和实践认知，对涉及的相关问题进行了梳理和思考，分享在这里，以便交流，助推“十四五”规划研究编制和市县域高质量发展。

一、研判方向趋势与确定前沿重点问题的依据

理论源于实践又服务于实践，经济学理论尤其如此。作为应用经济学分支的农业与农村经济学科，其在我国的发展演化与我国农业与农村经济实践的联

① 本文选自耿明斋教授在“明斋观察”“中原经济”公众号 2020 年 5 月 31 日发布的同名文章。

系更为密切。

改革开放四十多年以来，从农业联产承包责任制与家庭经营确立到土地规模经营和农业现代化，从种植业结构调整到国家粮食安全，从多种经营、乡镇企业再到农村工业化，从农业劳动力非农就业转移到城镇化，学术研究的热点和重点总是随着农业与农村经济发展阶段转换而不断转移，学科理论也不断丰富和完善。

研判农业与农村经济学科“十四五”时期学术前沿和发展趋势，明确其深化和拓展的方向、领域和范围，当然首先是对我国农业和农村现代化未来演化的方向及可能遇到的问题做出判断。

从全球视野看，近代以来，几乎所有国家都要么已经经历，要么正在经历由传统农耕文明向现代工业文明转换的过程，这个过程的起点是自给自足的农业经济和乡村生活主导的社会，终点是分工交易基础上非农经济和城市生活主导的社会，转换的内容是农业产值与就业比重的持续降低和非农产值与就业比重的持续上升、乡村人口比重的持续降低和城市人口比重的持续上升。产值、就业和人口比例演化的不同节点，表现为现代化发展的不同阶段。每个阶段所遇到及需要解决的问题不同，理论研究的领域及重点也会有所不同。不管阶段差异有多大，农业与农村经济学科的研究是贯穿全程的，每个阶段总有属于自己的研究侧面、研究领域和需要重点关注的问题。

我国农耕文明向现代工业文明转换的历史，也就是现代化的历史。时间虽然很长，但具有决定性意义的转换也不过是改革开放以来的四十多年。根据国家统计公报公布的数据，2019年，农业产值比例已经降到7.1%，三次产业早已完成了从一二三到二三一再到三二一的转换，正快步迈向后工业社会结构形态，测算非农就业比例超过七成，常住人口城镇化率超过60%。从上述三大比例来衡量，我们可以做出判断，即中国的现代化发展已经进入下半程。根据两个百年目标中第二个百年目标要求，即到2050年实现中华民族伟大复兴和全面现代化，未来三十年的任务就是走完现代化的下半程。“十四五”是现代化下半程三十年中的第一个重要时间节点，谋划好“十四五”，走好第一步对于全程十分重要。所以，从国家现代化全局和走好第一步可能遇到与必须解决的问题出发，应该是研判农业与农村经济学科“十四五”时期的学术前沿和发展趋势，明确需要进一步深化和拓展的重点研究领域、方向和范围，并谋划重大课题的基本遵循。

二、“十四五”农业与农村经济前沿重点问题的梳理

把农业与农村经济放在整个国民经济体系中，从经济发展阶段特征和现代化任务视角出发，“十四五”期间农业与农村经济学科需要重点关注的前沿领域及其相关问题，可以从如下几个方面加以梳理：

一是农业现代化与粮食安全。农业现代化的核心是效率，农业联产承包责任制及农业技术进步解决了土地的产出效率问题，劳动效率靠机械化和土地规模经营。当前，机械化已经不是问题，土地规模经营也通过比例日益提高的土地流转取得了很大进展，但也出现了很多尚未解决或没有很好解决的新问题。这些问题主要有：①工商业资本大规模承租土地所形成的规模农业更倾向于非粮种植，从而存在国家粮食安全隐患。是否要限制工商资本的大规模农地承租活动并约束其非粮种植行为，是个值得研究的问题。②包括已经完成了农业现代化的国家经验都证明，农业并不适合于大规模雇佣劳动，即使是现代农业，也仍然更适合于家庭经营，并且借助于机械化和现代科技，仅靠家庭成员也足以支撑起相当规模的经营活动。但在土地使用权为农户分割占有的条件下，租金成本居高不下，以成本收益核算和营利经营为目的的适度规模家庭农场举步维艰，如何培育家庭农场是未来需要研究解决的问题。③随着土地流转比例的提升，越来越多实际占有承包地的农户退出了农业生产活动，但国家农业补贴仍按承包权由这些农户分享，真正种粮的承租户尤其是家庭农场反而享受不到补贴。按照国家种粮补贴政策的初衷，补贴应该由承包户调整到种粮大户和家庭农场，如何调整？调整后原承包户利益受损是否补偿以及如何补偿，需要研究解决。④粮食流通体制和市场体系建设也有不少问题需要研究，包括国家粮食收储、交易和调运流通体系与民间收储经营体系之间的关系，粮食加工企业与粮食收储调运体系的关系，粮食进出口体制，现货市场与期货市场的关系，期货市场与农业经营的关系，等等。

二是就业与农村产业发展。农业效率提升和规模经营发展会使得大量农业剩余劳动力转向非农产业就业，途径一是异地流动进入非农产业聚集发展的城市或发达地区，途径二是通过创业和本地非农产业发展就地实现非农就业转移。从实践演化趋势和日、韩等国的经验来看，这两种非农就业方式同时存

在，一部分彻底离开农业劳动的农民更多的是通过异地转移进入城市和发达地区就业，另一部分兼业农户通过进入本地非农产业实现充分就业。兼业农户与本地非农产业发展的关系如何？兼业农户在现代农业中扮演何种角色？与专业农户关系如何？比例多大？持续时间多长？农村非农产业发展空间有多大？非农产业发展中县城和村镇格局会如何演化？农产品加工业及三产融合发展的方式和形态如何？农户如何从农产品流通及加工增值中分享收益？等等，都需要研究。

三是农村土地制度。国家法律规定农村土地属于集体所有，按改革开放以来的演化情况是，耕地以承包的方式由农户占有，而且按照国家规定承包期不断延长，近乎永佃制。建设用地以宅基地为主，基本上也是由农户占有。最初村集体可能还掌握少量耕地和村边四荒地的使用或分配权，经过几十年演变，这部分资源也绝大多数枯竭。农村土地制度的问题大致包括以下方面：①耕地承包权根据家庭人口变动周期性再分配，有的还在进行，大多数已经固化，并开始出现无地农户；②耕地流转契约化和规范化；③在宅基地确权基础上市场化流转问题，尤其是随着城镇化比例提高，进城农户越来越多，空心村和宅基地闲置问题日益突出的情况下，宅基地可否流转问题更为突出，现行规则限制城市人口承租或购买农村宅基地，是否可以突破？④农村土地向城市建设用地转换过程中价格形成机制，即如何建立城乡统一的建设用地市场？用途管制及用途转换机制如何完善？⑤集体所有权的实现方式和集体经济发展问题；等等。

四是乡村振兴与农村现代化改造。乡村振兴提出的背景是非农产业发展聚集与现代城镇体系形成和日益拓展，大规模农村居民非农就业和城市化居住，乡村人口减少，乡村空间需要重构，同时也要避免乡村凋敝现象发生。这方面的问题包括：①基础设施建设和人居环境改善，包括农村道路、排泄物及污水处理、绿化美化、农村公共活动空间建设等；②空心村治理和居住空间结构重构，包括居民点重新规划布局、村庄拆迁改造、村民补偿安置等。目前按照农村存量户籍人口进行的基础设施建设安排，从未来人口迁移的角度看是否造成新的浪费？是有限投入用来造点还是全覆盖惠及大众？这些问题也都需要研究。

五是公共服务与教育医疗体系优化。公共服务最突出的是教育和医疗。现在教育最突出的问题是以满足农村学生就近入学需要，并以城乡教育均衡的名义，向农村投入了较多的教育资源，但农村学生却依然流失严重，造成农村学校资源闲置、城里教育资源供求严重失衡，这显然是一种新的建立在良好愿望基础上的浪费。医疗体系最突出的问题是村医短缺，青黄不接，后继无人，分级医疗体系及基层社区医疗体系与上层医疗体系的联动协同不到位。这些问题都是未来需要研究解决的。

六是养老与社会保障。现有农村养老保险虽然实现了全覆盖，但标准太低，且与城镇养老体系不对接。如何按照公共服务均等化的要求，在职工养老保障体系之外建立起城乡统一的与职工养老体系并行的非职工就业养老保障体系，是未来需要研究解决的问题。此外，还有集中养老和居家养老的关系，集中养老的体制机制安排，等等。

关于农业、农村及县域现代化的若干思考与建议①

耿明斋

按照中央第二个百年发展目标要求和省委省政府“两个确保”战略部署，农业农村及县域现代化不仅是整个国家和省域现代化的关键环节，也是实现水平和实现程度的标志。到底如何认识农业农村及县域现代化在整个国家现代化进程中的地位？作为农业农村大省，河南农业农村及县域现代化的道路该如何走？需要研究和解决哪些问题？需要实现哪些方面的突破？县域在省域现代化进程中如何“起高原”？确实需要系统思考，给出合理建议。

一、乡村振兴与农业农村现代化，是整个中国现代化必须啃下的最后一个硬核

“三农”问题一直是党和国家政策的重要议题，在经历了土地联产承包并解决了温饱问题之后，收入、就业和人居环境改善等问题凸显出来，这些问题现在被概括到了乡村振兴议题中。与此密切相关的是农业农村现代化。我们已经确定了未来30年分两阶段实现现代化的目标，农业农村现代化无疑是整个国家现代化的薄弱环节，也是重点和关键。没有农业农村的现代化，整个国家

---

① 本文选自耿明斋教授在“中原经济”公众号2022年9月1日、“明斋观察”公众号2022年9月2日发布的同名文章。

的现代化不可能圆满完成。农业农村基本上被县域覆盖，农业农村现代化就是县域现代化。所以，乡村振兴和县域现代化是当前和未来较长时期内解决“三农”问题的两大核心任务，也是整个国家现代化进程的有机组成部分。由于涉及复杂的经济社会关系和利益结构调整，以县为地域单元的乡村振兴和农业农村现代化，可以说是整个中国现代化必须走完的“最后一公里”，也是必须穿透的“最后一道屏障”，啃下的最后一个硬核。因此，这两大任务必须放在一个平台上统筹研究解决。

二、说农业农村现代化是“硬核”，是因为它面临且亟须解决的问题都与整个社会现代化密切相关

认识这一点，需要从以下几个方面明白现代化的逻辑。

第一，现代化是一个由技术进步驱动的财富总量持续增长与结构持续演化的过程。现代化的起点是由技术进步驱动的产业革命，终点是工业主导的生产生活方式对整个社会包括农业农村的全覆盖。技术进步驱动工业行业链条不断拓宽，产品链条不断拉长，规模不断增大，衍生的服务业同时伴随成长。效率诉求则驱动工业、服务业持续聚集，城市数量随之增多，规模越来越大，基础设施和服务体系日益完善，功能越来越强大，对产业和人口的吸引力也越来越大，以至于形成由工业化、城镇化驱动的整个社会螺旋上升的发展循环。过程中，越来越多的农产品、劳动力、人口、土地等元素被吸纳，直至农业农村生产生活方式全部被改造，被纳入工业和城市引领的经济社会活动轨道，城乡差别基本消失，以工业和城市引领的现代化进入终点。

第二，被纳入现代化循环的先后与程度差异造成了落差与分化。理论上浓缩的现代化过程在现实中并非一蹴而就、一气呵成，而是一个跨越一定时间长度的过程。过程中，总是一部分人先行被工业和城市吸纳或覆盖，进入现代化生产生活循环，另一部分人被留在传统的农业农村生产生活状态中，从而形成落差与分化，带来一系列经济社会问题。比如，改革开放以来，随着现代化的快速推进，越来越多的农业元素被吸纳到工业和城市循环过程中，以下现象越来越凸显：农产品加工度越来越高；农村土地越来越多地被征用为工业和城市建设用地；农业剩余劳动力非农就业比例越来越大；乡村人口进入城市的数量

越来越多；等等。于是，农业农村人口中，与农产品深加工相关和不相关的、土地被征用和未被征用的、非农就业和仍留在农业就业的、进城的和未进城的等，就分化为两个不同的群体，收入水平及生产生活方式也产生了落差。一般来说，总是“相关”“被征”“非农就业”“进城”等率先被现代化覆盖的人群状况会更好一些，“不相关”“未被征”“农业就业”“未进城”等未被现代化覆盖或覆盖程度低的人群状况会更差一些。这就是当前农业农村问题的源头与本质。

第三，分化也集中从经济和社会结构层面暴露出来。比如，由于务工与务农收入落差巨大，耕地撂荒现象时有发生，农村年轻人普遍缺乏农业训练，谁来种地以及如何种地成了问题；青壮年劳动力外出务工，却无力举家随迁，留守老人、留守妇女和儿童越来越多，成为社会问题；城镇化迁徙数量越来越大，乡村常住人口越来越少，空置院落越来越多，空心村现象越来越严重，未来农村居住空间如何演化调整成为必须要研究解决的问题；农村居民对子女享受优质教育的愿望越来越强烈，乡村学校生源流失、校舍空置、资源闲置和城市学校短缺、大班额现象突出，基础教育空间布局调整和资源优化布局已迫在眉睫；人口流失和乡民对优质医疗资源的需求也使传统的村医制度难以为继，从而提出了农村公共医疗服务体系重构问题；城市生活方式普及提升了农村居民对人居环境标准的需求，农村道路、街区卫生和生态环境、体育娱乐设施等公共基础设施和公共服务体系短板凸显出来，建设和改善需求日趋强烈；等等。

第四，问题实际上最终聚焦于较迟被现代化覆盖的农村剩余人口。所有这一切，虽然表现为是整个农业农村现代化进程中凸显出来的问题，但从人本角度来看，实际上最终是针对农村剩余人口所需要解决的问题。因为接近总人口 2/3 实现非农就业和城镇化迁徙的人口，已经被现代化覆盖。按照目前的节奏，未来 15 ~ 30 年，现有的剩余农村人口中，还会有相当大的部分继续以非农就业和城镇化迁徙的方式被现代化覆盖。所以，我们需要集中解决的问题实际上只是等待被非农就业和城市吸纳，暂时剩余和最终剩余在农村的（占总人口的 20% 左右）人口。这部分农村剩余人口如何被现代化覆盖，这是未来乡村振兴与县域现代化所要聚焦的真问题。但解决这些问题却与整个现代化经济社会结构的构筑和再造密不可分。

三、产业振兴关系技术和效率，也触及组织与制度

解决上述问题、实现经济社会结构再造、最终完成现代化的捷径自然是鼓励和推动更多的剩余农村人口继续向工业和城市转移，因为这意味着需要解决问题的农村剩余人口同比例减少。但是，向工业和城市转移人口的比例再大，也总会有一定数量的人口留在农业和农村，农业和农村也总是经济活动的必要空间。农村剩余人口最终还是要通过自己经济活动效率的提升来提升收入水平，直至效率和收入与工业和城市大体相当为止。这也是乡村产业振兴应有的含义和努力的目标。

乡村振兴的关键是产业振兴。乡村产业振兴的方向无非有两个：一个是农业，一个是非农产业。但这两个方向的产业振兴都存在着需要研究解决的技术、效率、组织和制度问题。

农业的未来在于职业化、经营化、市场化、规模化，也就是培育和造就新一代知识型农民，构造以农业为经营项目、进行严格的成本与收益核算、以满足市场需求和利润最大化为目标、以规模化种植养殖为特点的现代农业形态。实现这样的农业产业振兴目标，除农业经营性人才培养之外，还需要在体制机制上解决两个方面的问题：一是国家种粮补贴错位问题，二是租佃经营者成本问题。家庭联产承包责任制下拥有土地承包权的农户，越来越多地通过土地使用权转让不再从事农业种植，国家种粮补贴仍落入拥有土地承包权的农户手中，而通过土地流转真正从事粮食种植的专业农户却拿不到种粮补贴，这就使国家种粮补贴放错了激励方向。在承包户已经将种粮补贴当成福利的情况下，直接从其手中拿出来转移到种植户手中，会导致利益冲突。如何解决？需要研究，找到平衡各方利益的方案。应该说，在目前的土地权属格局下，经营者都是通过土地流转获得规模化土地使用权的，因此，他们都是租佃者，要支付数量可观的租金，负担直接成本之外的额外成本，这不但降低了农业经营者的市场竞争力，也与实现“耕者有其田”的基本目标相悖。如何解决这一问题？也需要研究，并从根本上对现有土地权属关系做出调整。

非农产业振兴也有两个值得研究和实践的问题：

第一，典型农区是否还有非农产业发展的机会？中国是一个拥有统一市场

的大国，工业化在区域间也是不平衡的。作为工业化先行区的长三角和珠三角，不仅各种非农产业门类齐全、链条够长，而且已经形成分工充分、功能强大、生态良好的各种集群，其产品市场早已覆盖全国，走向世界。作为后发农区，其工业化的影响主要表现为劳动力异地非农就业转移，或者说表现为本地劳动人口的异地工业化，本地工业并未同步发展。在产品市场和要素大部分被先发地区吸纳和覆盖的情况下，后发农区还有在本地空间推动工业发展的机会吗？

从理论分析和实践观察来看，后发农区仍有发展非农产业的机会，机会主要源于四个因素：一是农牧产品在本地深加工更便捷；二是基于本地留守妇女、老人等闲散劳动力的条件，适合劳动密集型产业发展；三是建设用地空间相对宽裕，便于占地空间比较大的末端产业落地；四是终端市场和区位可吸引运输成本敏感产业和产品落地。

但对于特定区域来说，区位和资源条件是什么？机会在哪里？需要具体研究和实践尝试。

第二，后发农区非农产业发展还可能呈现出遍地开花的分散格局吗？在发展机会存在的条件下，非农产业发展的空间模式值得研究。像先发地区那样从村村点火、家家冒烟的分散布局渐进式地走向集中布局的发展模式肯定已不可取。但“一刀切”强制性的集中也会抬高发展门槛，不利于非农产业起步，会损害初期阶段的市场竞争力。合理的发展模式可能在于，推动非农产业在县城聚集发展的同时也布局一些适宜非农产业发展的小空间，甚至在有条件的村落允许非农产业分散自由发展。到底采取何种发展模式和发展政策？需要研究与实践检验。

四、人居环境改善应致力于共享和缩小乡村剩余人口规模

把乡村人居环境提升至与城市相当的水平，是乡村振兴和农业农村现代化的重要目标。广义的人居环境包括硬、软两类环境：硬环境包括交通、通信、水电气暖、生态绿化等基础设施；软环境包括教育、医疗、养老等公共服务体系。这两类环境都有共享和效率的特点与要求，也就是只有在多人集中使用和充分共享的条件下，才能达到效率的要求。在乡村人口持续大规模城镇化迁徙

的情况下，按照既有村庄结构和存量空间布局进行现代化人居环境建设，既不符合效率要求，也是政府和社会财力无法达成的。于是就有了通过人为规划强制性拆迁集中，即所谓“就地”城镇化，以加快公共基础设施改善和公共服务体系提升的尝试。但由于此种尝试还是建立在“存量”和“就地”思维定式上的，不仅十多年前河南省的“新型农村社区”建设失败了，连几年前富裕省份山东的“撤村并点”行动也失败了。这其中既有超越阶段、脱离实际、急躁冒进、财力不支等技术方面的因素，也有制度层面的利益纠葛未能按照现代社会治理体系要求合理解决造成的障碍，当然也与现代化演化趋势认识不清、把握不准、空间错位，也就是与“存量”“就地”逆规律行为有关。除了这些大规模的行动，陆续以“美丽乡村”和“乡村振兴”项目名义进行的林林总总的乡村建设工程，大多只能形成星星点点的景观，无力惠及普通大众，更无法实现规模共享和基本的效率要求。长期来看，也难免造成重复建设和浪费。

所以，农村人居环境改善的正确路径是控制存量、标准适当、量力而行。具体来说，就是出台法律法规或政策，控制现有村庄宅基地无序蔓延、房屋建筑盲目向空中延展，以垃圾废弃物有序处理、环境整洁为目标。同时，把主要精力放在农业农村现代化规律和空间格局演化趋势研究，以及建立在共享基础上的中长期谋划规划上；放在推动加快乡村人口城镇化迁徙和尽可能缩小农村剩余人口规模上。

五、农村剩余人口现代化问题需要在县域空间尺度内解决

首先，在县域空间尺度内解决农村剩余人口现代化问题比较适宜。前面阐述的逻辑能够支撑这一判断：农业农村现代化源于以工业化、城镇化为核心的现代化，也是整个社会现代化的有机组成部分——以工业为代表的非农产业代替农业成为经济活动的主要领域，并把后者纳入其活动轨道；非农就业替代农业成为就业的主要领域，并深刻地影响后者的就业方式；城市成为主要的居住和生活空间，并深刻地影响乡村生活方式。现代化作为过程，注定了非农产业和城市生产生活方式对农业农村元素的吸纳与覆盖有先后之别，从而造成分化，暂时未被或等待被吸纳覆盖的乡村剩余人口就成了问题，这是现阶段我国“三农”问题的本质，也是乡村振兴所要解决问题的本质。几乎所有主要问题

都无法在乡村地域尺度范围内得到有效解决：规模化、市场化土地流转和农业经营活动会突破村落边界限制；以集中化为特点的现代非农产业早已越过了以村落为地域单元分散发展的阶段；公共基础设施和公共服务体系相对完善的县域成为乡村居民吸引力中心和集聚中心，成为他们分享现代化成果、获得各类优质服务的捷径。局限在村内乃至乡域内来解决这些问题既不经济，也无财力支持，只能在县域尺度内统筹。

其次，乡村剩余人口现代化问题的解决涉及政策和制度调整，需要县级政府统筹试验示范。一是在耕地使用权由农户碎片化分割占有的条件下，推进规模化现代农业经营方式，不但需要突破繁杂的土地流转屏障，还会遇到种粮补贴政策受益对象错位和支付高额租金，无谓抬高经营成本的问题。尤其是后者，事实上造成了佃农化，这与中国共产党的初衷相悖，也与“耕者有其田”的现代土地制度相悖。种粮政策和土地制度该如何调整？需要研究突破和试验示范。二是在越来越大比例的农村人口进城定居，农户老宅空置越来越多，空心村越来越严重，从而在宅基地退出机制需求强度越来越大的条件下，宅基地权益制度如何改革？退出机制如何设计？都是土地制度的深层次问题，需要研究突破和试验示范。三是与上述趋势相适应，在农村居住空间结构客观上需要大幅度收缩的条件下，怎样顺应趋势，统筹规划，合理布局居民点，实现资源优化配置？不但涉及对规律的认识，还涉及利益调整和乡村组织及治理体系变革，也需要研究突破和试验示范。四是在居民对优质教育和医疗资源需求日益强烈的条件下，学校和医院及医疗点如何布局？如何建立便捷有效的分享机制？同样需要研究突破和试验示范。

所有这些研究和试验示范，不但在县域空间尺度内是适当的，而且需要县级政府这样有权威的机构统筹和组织协调。

六、建议设立县域现代化示范区

基于上述理由，我们建议省委省政府设立县域现代化示范区，以前瞻30年的眼光，以2035年为主要时间节点，以乡村振兴和全域现代化为指向，以建设、农耕、生态等国土利用“三条线”为遵循，将工业化、城镇化、农业现代化及农业政策、土地制度、公共基础设施与公共服务供给等都纳入视野，系统研究，统筹规划，统一制度试验方案，分时间节点、分步实施。逐步取得经验，为面向县域现代化推进提供示范。

示范区选择原则上以经济社会发展水平为参照，工业化、城镇化水平高，现代化元素对农业农村覆盖广、影响深，结构变革需求强度大的县域优先（如长葛、长垣等）。也可以考虑按照不同类型选择代表性县域，如典型农区、典型工业化区域、典型旅游区域等。数量不宜过多，可分批设置，每批 3 ~ 5 个，总数以 10 个为限。

省政府可以指定省发展改革委对县域现代化示范区统筹管理。

多措并举　全方位支持民营经济发展[①]

耿明斋

疫情三年，叠加俄乌冲突，国际环境恶化，使得“需求收缩，供给冲击，预期转弱”的态势持续发酵，经济增长动力明显受损，民营经济在经济发展中的重要性进一步凸显。党的二十大、中央经济工作会议、省委经济工作会议及民营经济大会等，接连释放出支持民营经济发展的强烈信号。随着后疫情时代的到来和经济复苏步伐的加快，河南应该抓住机遇，创造性地贯彻中央和省委系列会议精神，多措并举，全方位支持民营经济发展，为实现“两个确保”的战略目标提供重要支撑。

一、转变观念，真正为民营经济发展提供公平竞争环境

首先是避免歧视和政策摇摆。中国市场化取向改革四十年有余，尤其是经过1992年年初邓小平同志南方谈话，以及1993年11月中共十四届三中全会通过《中共中央关于建立社会主义市场经济体制若干问题的决定》，特别是2013年11月中共十八届三中全会通过《中共中央关于全面深化改革若干重大问题的决定》，做出要“使市场在资源配置中起决定性作用”的判断之后，建立社

① 本文选自耿明斋教授在“明斋观察”公众号2022年12月25日、“中原经济”公众号2022年12月26日发布的同名文章。

会主义市场经济的方向越来越明确，轮廓越来越清晰。而民营企业是市场经济的天然主体、民营经济是经济发展的生力军早已成为共识，各种数据也证明民营经济是整个国民经济的主要组成部分，中央也一直三令五申支持民营经济发展，按常理说，对民营经济发展认识上不应该再成为问题。但是，由于各种各样的原因，在实践中，对民营经济的错误认识和歧视性行为从未真正根除，政策执行上也常有摇摆，前几年甚至还出现民营经济“退场论”，引起热议，负面影响至今犹存。从思想根源上，这是由于对现代经济运行和经济发展规律认识不深不透、对制度演进方向和党的制度设计精髓把握不到位造成的。现代经济的核心是效率，效率的源泉是资本积累和创新，利润是积累与创新的回报和动力，企业和企业家尤其是民营企业家是所有这一切活动的化身和担当者，没有企业和企业家的这一系列行为，财富增长、国家税收、民众就业等所有与经济及社会发展相关的结果都不可能产生，至少是大打折扣。歧视者和摇摆者只看到了民营企业的收益，而没有看到其社会角色和贡献。歧视和摇摆的原因还有一层，就是把“共同富裕”等目标与企业和企业家收益和财富占有混为一谈。殊不知，财富创造和财富分配是两种不同的机制，初次分配讲究机会均等和贡献对等，以税收为主的二次分配才嵌入收入差距调节机制，丁是丁、卯是卯，一码归一码。事实上，国际上也不乏将发展激励和社会公平处理得都比较好，激励和发展处在高水平，社会收入差距处在低水平的案例，这也是我们努力的方向。可见，只有在理论上和政策目标上对现代经济有透彻的认识，才能真正转变对民营经济的错误观念，避免歧视和政策摇摆。

其次是最大限度地拆除壁垒，放宽进入限制。市场经济是法制经济，按照市场在资源配置中起决定性作用的制度设计，各类市场主体，不问权属性质，都有进入相关经济社会活动领域公平竞争与合法经营的机会。改革开放以来，我们陆续放开了大多数经济活动领域，如几乎所有的日常生活服务领域和差不多全部制造业领域的准入限制，但至今仍有一些领域对民营经济进入存在诸多限制。这是人治思维和人治行为的遗存，试图靠人为设立壁垒避免可能的公益损害行为，结果往往要以公平和效率的巨大损失为代价。正确的做法应该是在加强法治的前提下，给各类市场主体以公平进入的机会，以法律约束代替行政约束，在保证效率的同时，最大限度地保护公共利益。

最后是为各类民间组织提供良好的生存成长环境。近年来，在国家政策导向下，各类民间智库、研究机构、科技机构等以“民办非企”、商会、协会等民间组织机构的形式迅速成长起来，成为创新创业和社会服务领域一道亮丽的风景线。但这些民间组织的生存成长也有不少约束和烦恼。一是在注册和主管监管环节，相关部门为减少麻烦、规避可能的风险，往往以堵代管，民间组织“出生难”“过坎难”现象比较突出；二是在运行环节，民间组织获取项目、奖项，申报职称等方面往往既缺信息渠道，也无申请、申报途径。相关部门习惯于按传统体制内渠道传递信息和分配资源，民间组织往往成为“被遗忘的角落”。民间组织是新兴的市场主体类型，是民营经济的重要组成部分，有着旺盛的生命力和巨大的发展潜力，政府和社会有责任为其提供更加良好的生存生长环境。

二、鼓励支持优秀人才创新创业

中国经济进入高质量发展阶段以后，动力机制逐渐由投资驱动和资源依赖转向创新引领和技术依赖，经济结构随之发生深刻变化。高新技术产业异军突起，能源资源类产业则有收缩趋势。区域之间分化也日益严重，人才聚集密度高、创新创业能力强的沿海地区和中西部某些省份，如安徽、湖北、陕西、四川等，经济活力增强，优势愈显突出，而资源依赖较为严重的省份，增长压力却越来越大。河南属于资源依赖程度偏高、创新能力偏弱的省份，近年来经济持续增长遇到了较大困难。新一届省委、省政府提出“两个确保”的战略目标，布局“十大战略”，把创新引领放在首位，并且出台了平台建设、推动基础研究和应用研究的系列举措，迅速取得了成效。但在催生和培育高新技术企业方面，比较现实和有效的途径恐怕还是鼓励和支持优秀人才创新创业。这又有两种路径：

第一是鼓励和支持体制内存量人才将自己的职务发明成果产业化。典型模式是基础研究在大学或研究院所的实验室，应用研究及成果转化在地方产业园区的中试基地平台。这样，一头是体制内机构，职责是突破方向选择和成果初期培育；另一头是体制外市场，职责是成果转化和产业化。两者相互支撑，相得益彰。实践证明，这是非常有效的激励创新和推动创新成果产业化的方式，我们在济源、驻马店等地见证了无数个这种成功的案例。这种模式在体制机制上需要解决的问题有三个：一是要明确界定知识产权归属，允许发明人享有职务发明成果的大部分甚至全部权益；二是允许发明人同时拥有体制内研究人员和体制外市场主体双重身份；三是允许发明者及其合伙人合法分享成果产业化收益。

第二是引进高端人才到本地创新创业，尤其是引进豫籍人才。河南虽不是人才强省，但由于人口基数大，广义上确实是名副其实的人才大省。一段时间以来，由于省内缺乏才干施展平台空间，豫籍人才大量流失省外乃至世界各地。他们个个学有所成、身怀绝技，而又有很浓的家乡情结，愿意为家乡发展做贡献。地方各级政府如果善于抓住机遇，积极获取相关信息，适时出手，引进此类人才，给予其合适的创新创业条件和空间配置，他们就能大显身手，助推高新技术企业丛生式生长。我们见过的最典型案例是在开封科技园区成功创新创业的郝国梁博士。郝国梁博士是开封人，曾在牛津大学跟随世界顶尖科学家做博士后研究，掌握了心脏电生理领域前沿科技，并拥有多项发明成果。几年前，他怀揣报效家乡之心回开封创业，在几任市委市政府主要领导的鼎力支持下，事业迅速开花结果。现在，郝国梁博士主持的斯高研究院不仅成为国内外各高水平大学和高端研究机构心脏电生理实验室设备的供应商，也在新药研发领域斩获颇丰，成为依靠自主研发和市场实现良性发展的知名高科技企业。

三、支持引导中小微企业丛生式成长

20 世纪 80—90 年代，长三角、珠三角地区的工业化，走的是空间上全覆盖模式。不仅县域有规模相当的产业聚集，几乎所有乡镇政府所在地，甚至很多村落，都有特色突出、企业丛生式高密度聚集的产业集群。作为后发内陆地区，比如典型农区的河南，其工业化该走什么样的道路？虽然众说纷纭，但似乎有一个基本共识，就是不可能再重复沿海发达地区“村村点火、家家冒烟”的全覆盖模式。这也是十多年前我们开启以县域为中心的“产业聚集区”发展模式的基本背景，我也是这一认识思路和这种发展模式的热烈拥护者。但是，这种强调所有企业入“区”的发展模式，由于高昂的入区成本，可能会把刚刚萌芽的小微企业扼杀在摇篮中，甚至堵塞了此类企业萌芽的路径。近年来，随着县域内产业发展，一种新的产业空间组织形态逐渐显现出了强大的生命力，就是龙头企业核心功能在县域，分支加工环节延伸到乡间。这样既可以吸纳大量闲散劳动力就近实现非农就业，也可以向乡间直接传播工业文明，从而推动农业农村现代化和乡村振兴。实际上，这些散落状态的小微企业是民营经济成长发育的重要源泉。它们最突出的特点和最大竞争力是低成本，即劳动力成本低和资源成本低，很多民营经济的“参天大树”都是从此类小微企业发育而来的。长垣市的卫材、起重产业集群如此，长葛的众多产业集群也是如此。即使是现在的环境条件，仍然不乏适合此类小微企业成长的土壤。我们在商丘虞城县、夏邑县和驻马店平舆县等地，看到了很多此类小微企业在局部空间形成聚集发展的案例。所以，我们的各级政府，尤其是县级政府，应该在土地使用、闲散劳动力就业、民间金融发展和资金供给等方面出台相应政策措施，鼓励和支持小微民营企业在局部空间丛生式聚集成长。

四、利用资本市场，推动民营企业现代企业制度建设

一般来说，民营企业在成长发育初期，产权结构往往比较单一，多以家族私有为主。但当达到一定规模后，要保持持续健康发展的态势，就必须利用资本市场，建立以产权多元、开放包容、治理规范为特色的现代企业制度，由家族私人企业转换为社会化的公众公司。这样做的好处，一是可以拓宽社会融资渠道，改善资本结构，增大权益资本比例，降低负债比例，减轻利息负担，提升抗风险能力和市场竞争力；二是可以形成开放的人才吸纳体系，广泛吸纳各类人才，建立职业经理人制度，实施股权激励，提升企业活力和创造力；三是可以将企业经营活动纳入社会法律监管体系，保证信息披露规范透明，便于提前预警风险，把问题消灭在萌芽中；四是由于权责清晰、有法可依，可以避免因家族成员利益纠纷而损害企业发展的情况发生。

所以，深化民营企业产权制度改革、引导和推动其利用资本市场建立现代企业制度，是促进民营经济健康发展的重要举措，也是政府服务民营经济发展的重要抓手。各级地方政府要营造环境，加强培训，出台相应的激励奖励措施，力争在上市公司数量和质量上都实现大的突破，为打造更多的“百年老店”和行业领军企业奠定良好的制度基础。

现有利益格局下实现农业现代化的可靠路径

——南乐县土地托管经营调查①

耿明斋

一、农业现代化仍是需要探索的问题

现代农业或者说农业现代化，从不同视角来看，或许会有很多不同的定义，但核心要素不外乎规模化、市场化和职业化。详解一下就是：从业者以农为业，有熟练的职业技能和清晰的社会身份定位；是市场主体，依托市场经营，为销售而生产，以利润最大化为目标，进行严格的成本收益核算；规模达到其投资收益和劳动效率足以与非农行业相比肩。

以此三点衡量，广义农业中的畜牧养殖可以说目前已基本实现现代化。因为畜牧养殖不仅有年出栏超过四千万头，甚至很快会冲上亿头规模的大型养猪龙头企业牧原，更重要的是，技术进步和市场竞争已经使传统的农户小规模兼业养殖活动荡然无存。只有规模达到投资收益和劳动效率能够与非农其他行业比肩的养殖主体才能正常存续。

作为农业主体部分的种植业，其现代化却举步维艰。以上述三个标准衡量，目前除地广人稀的黑龙江、新疆等省区尚可，以河南为代表的华北、黄淮

① 本文选自耿明斋教授在“明斋观察”公众号2023年3月13日发布的同名文章。

这样的典型传统农区，种植业的现代化还是障碍重重，最主要的阻力点是规模化。自从通过联产承包责任制改革，形成以家庭为基本单元的经营结构和土地使用权结构后，便不断固化和强化。由于人多地少（一般人均耕地不足 1.5 亩），以四口之家计，户均耕地也就六七亩，还会因质量优劣差异被分割成若干地块，碎片化非常严重。

在这种格局下，要实现规模经营，只能通过土地流转。由于利益和观念纠葛，推动起来障碍很多。短期纠葛于流转费用，长期纠葛于土地权属得失。按理说，多年来农村劳动力外出务工已经成为就业选择的主流倾向，务工收入也成为农户家庭收入的主要来源，务工固定化、长期化趋势也越来越突出。不少人在务工地也有了稳定的居住和生活条件，甚至已经举家迁徙，成为城市新居民，不少农户家庭已经具备彻底脱离农业生产的条件，转出耕地成为必须。但很多人却宁愿农忙时回来料理，也不愿将土地转出。即使选择转出，也更愿意将其廉价托付给自己的亲戚邻居，而不愿意以市场化方式转给专业经营者；甚至有人囿于传统观念和路径依赖，就是愿意继续种地且一定要在自己拥有权属的地块种植，从而成为土地流转中难办的“钉子户”。总之，由于上述种种原因，土地流转成为种植业规模化的关键难点。实际上，以现在农业的基础条件和技术条件，一旦规模化达成，农业现代化即刻就能实现。如何破除利益和观念障碍，实现土地大规模流转，并在此基础上形成符合规模化、市场化和职业化要求的现代化农业业态？南乐县近德固乡创造的托管经营模式给出了答案。

二、南乐县近德固乡的土地托管经营模式

南乐县属于冀鲁豫中心、华北平原腹地，也是河南最北的县，西、北、东三面分别被河北魏县、大名县及山东莘县包围，只有南面与同属濮阳市辖的清丰县相接，是典型的传统平原农业县。近德固乡位于南乐县城西，面积 49 平方公里，（户籍）人口 4.2 万人，耕地 4.2 万亩。虽然东接县城，西邻大广高速出口，地理位置比较优越，但总体上仍属于普通农业乡镇。

近德固乡耕地托管经营模式，是乡党委基于当地经济社会发展实际状况，顺应市场需求，充分考虑各方利益诉求和规避风险意愿，在政府深度参与协调

和主导下建立起来的。就经济社会发展实际状况来说，近德固乡外出务工超过劳动力总数的一半，本地劳动密集型中小微企业吸纳就业也超过千人，非农就业比重较高，非农收入已成为家庭收入的主要来源。加上人多地少，耕地种植在农户家庭经济活动中的重要性已大幅降低。所以，农户多有转让土地的意愿，只是纠结于转让价格和长期承包权益，需要有一种机制保障其利益和权益。

流转土地的市场需求源自鑫农种植业合作社，它本是一家种业公司，对稳定的育种基地有需求，但面对众多小农户搞合同种植和订单收购，管理难度很大，品质也很难保障，因而有面对单一主体规模流转的要求，也有寻找专业化规模种植户的诉求。乡党委得知这一信息并综合考虑各方需求后，在王彦强书记的主导下，组织设计了一个包括握有土地承包权的农户、作为集体土地所有权代表的村两委、拥有承接土地流转并经营管理土地意愿的鑫农种植业合作社，以及有专业化规模种植能力的职业农民四方主体在内的土地托管经营框架，通过充分协商和深度协调，达成了一个各方都满意的互利共赢协议。

该托管经营框架协议要点包括以下几个方面：

（一）农户提供土地并获取相应收益

农户将耕地使用权交托村两委处置，村两委则保障按照协议规定的保底收益（每亩单季400元，全年800元）和按总收入确定比例（45.8%）核算的分成收益及时足额向农户偿付。

（二）村两委负责组织和履约监督

村两委将从多个农户集中过来的耕地使用权统一流转给鑫农种植业合作社，并按照协议规定从后者获得且及时足额转付给农户保底收益和分成收益。村两委负责农田基础设施建设（如机井灌溉设施和高标准良田设施等），负责履约监督，也按照协议规定分得土地总收入相应比例（3%）的收益。

（三）鑫农种植业合作社负责经营并分割收益

鑫农种植业合作社作为耕地经营者和市场主体，从村两委承接托管土地并负责经营，包括农田规划、种植作物品种选择、职业农民招募、良种及农药化肥等农资销售服务、部分农田作业管理服务、农田作业标准制定和作业质量监督、农产品质量监督、农产品市价收购、为职业农民提供融资、对接政府惠农政策等方面。当然最重要的是履行向各利益相关方偿付保底收益和分成收益的协议责任。自己也获得履约后剩余的分成收益（1.6%）。

（四）职业农民负责种植

职业农民由鑫农种植业合作社招募，并从后者获得托管土地种植权，按照协议规定履行从耕地、播种到收获全过程作物种植管理服务职责，负责生产所需全部成本投入，获得土地总收入相应的分成收益（49.6%）。

三、土地托管经营为农业农村现代化和乡村振兴提供了切实可行的解决方案

（一）在规模化、市场化和职业化基础上实现了真正意义上的农业现代化

就规模化而言，以经营单元计，鑫农种植业合作社 2021 年统一连片成方托管经营耕地面积达 2877 亩，涉及 11 个行政村的 500 个农户。2022 年规模进一步扩大到 7600 亩，涉及 18 个行政村的 1600 个农户。以种植单元计，每个职业农民种植面积少则 30 亩，多则 230 亩。不管是从经营单元看还是从种植单元看，这样的规模虽然无法与美国的大农场比，但与日本、韩国、中国台湾等与我们土地资源禀赋状况大体相当的国家和地区比，已经不落下风。就市场化而言，作为土地经营者和市场主体，鑫农种植业合作社全部是为销售而组织生产的。作为负责投入和以获取收益分成为目的的专业生产者，职业农民有着严格

的成本收益核算。不管从经营者角度看还是从生产者角度看，这都是完完全全的市场化方式。在此框架中，职业化已经自在其中了。

（二）呈现出农户增收、集体受益、生产经营者盈利、合作共赢的良性运转状态

以 2022 年的实际收成和粮价计算的收入及其分成为例，小麦亩均产量 1200 斤，单价 1.56 元，亩均收入 1872 元；玉米亩均产量 1200 斤，单价 1.3 元，亩均收入 1560 元。两季相加，全年亩均收入 3432 元。按 45.8% 的比例，农户每亩分成 1572 元，超出保底收益（800 元）772 元。所有国家普惠性政策补贴仍归农户，加起来农户每亩净收益在 1700 元左右（国家普惠性补贴亩均在 120 元左右）。这是既无劳动投入也无资金投入条件下的纯收入，应该说还是比较可观的。重要的是，农户摆脱了种地羁绊之后可以安心务工，增加了非农收入，总收入肯定会相应增长。

职业农民收入也很可观。以该乡常庄村职业农民常进轩为例，他 2022 年从鑫农种植业合作社获得合同托管种植土地 154 亩，按照亩均 3432 元收入和 49.6% 的分成比例，每亩分得收益为 1702 元，扣除核定成本最高 1150 元，每亩净收益 522 元，种植土地总收入 80388 元。根据座谈会现场常进轩自己的核算，每亩实际成本投入不足 900 元，实际每亩净收入不低于 700 元（这也是乡党委书记王彦强统一算的成本）。据此推算，常进轩 2022 年种植总收入应该超过了 10 万元，他自己报的收入数也超过了 10 万元。2023 年，常进轩已把种植面积增加到 200 亩。这意味着种粮成为一种可以创造利润的活动，这一点意义十分重大。因为大多数人认为在中国种粮食是赔钱的，所以种粮食无法实现以资本投入和成本核算为基础的规模经营。现实中，我们看到工商业资本介入的农业规模经营多为蔬菜、水果等特色种植，很少见到粮食生产规模经营成功的案例。南乐县的托管经营模式则给出了成功的案例。

村集体有 3% 的分成收益，亩均约 103 元。如果一个村有 1000 亩地进入托管经营模式，每年就可获得超过 10 万元的分成收入，这对于村集体提供必要的公共产品、维持村庄生产生活的良性运转意义还是很重大的。鑫农种植业合作社有 1.6% 的分成收益，亩均 55 元，总收入 158235 元，虽然不多，但作为经营者，其主营业务收入应该在种子购销和农资销售，土地分成收入只是在创

造稳定市场同时的额外收益而已。

总之，农户增收基础上的共赢是此种托管经营模式的最大亮点。

（三）绝大多数劳动力和乡村人口被彻底从土地上解放出来，会极大地促进乡村振兴和农业农村现代化

近德固乡2022年有2877亩土地托管经营，全部种植业生产活动只用了30个职业农民。这就把绝大多农业劳动力从土地上解放了出来，而且都是整户整户地彻底解放。这会极大地促进农村劳动力非农就业转移，促进乡村人口向城镇迁徙，为村庄整合、居民点重组、生态和人居环境建设，为全域土地综合整治和布局非农制造业发展提供了非常好的条件，有力地促进了农业农村现代化及乡村振兴和县域经济发展。

四、相关建议

（一）建议复制推广南乐土地托管经营模式

南乐县土地托管经营模式的最大价值在于，在现有已经固化的土地权益格局下，设计了一种多方共赢的合作机制，以市场化的方法满足了规模化和职业化的条件，使粮食种植业成为一种可以盈利的经营活动，为中国的农业现代化提供了合适的解决方案，不但可行，而且可持续，具有普遍适用性，能够复制推广。建议省委省政府由农业农村厅牵头，委托专业智库并与之一起，对此种托管模式进行系统研究，针对其普适性和可持续性进行完善，拿出更为成熟的方案和指导意见，在全省推广。并以此为切入点和抓手，展开全域国土资源综合整治，推动农村劳动力加快非农就业转移，乡村人口加快城镇化迁徙，促进制造业发展和乡村振兴，加快县域现代化步伐。

（二）建议省人大将土地托管经营列入立法计划，启动立法程序

土地托管经营涉及多方利益关系，也涉及各种农业扶持政策，是实现农业

现代化的可靠路径，也是加快农业农村现代化和促进乡村振兴的重要抓手，需要规范的法律支持。建议省人大常委会将其列入近期的立法计划，启动立法程序，组织立法调研，尽快起草、讨论并通过《河南省土地托管经营条例》，为托管经营保驾护航。

后　记

2022 年 7 月，《做一个有社会责任感的经济学人——耿明斋教授经济思想述评》在中国经济出版社正式出版，时任河南大学经济学院院长宋丙涛教授立即请分管科研工作的副院长郑展鹏教授与我对接，沟通即将在 9 月份校庆期间耿明斋经济思想研讨会的举行事宜①，并亲自带领团队多次到郑州在中原经济发展研究院商讨研讨会召开的细节问题，力保会议圆满举行。

2022 年 9 月 24 日，在喜迎河南大学 110 周年华诞之际，研讨会在河南大学郑州龙子湖校区九章学堂报告厅成功举行，参加会议的 102 位嘉宾在九章学堂的广场上合影留念。值此之际，我在 2021 年 9 月 24 日接到柴森师弟电话时拟定的用举行一次耿明斋教授经济思想研讨会，出版一本耿明斋教授经济思想文集，拍一张耿明斋教授指导过的硕士生、博士生和博士后合影来纪念 2022 年这个有意义年份的 3 个目标已全部实现！

本书就是以此次研讨会举行为背景编撰而成的。为了更好地完成本书的编撰出版工作，2022 年 11 月 19 日 20：30—22：30，我们在线上举行了“耿明斋教授经济思想研讨会”编撰出版工作会议，共计 4 个层次的 26 位专家学者参加了会议，其中有耿明斋教授和程怀儒教授 2 位师长；毕业生代表王理、屈桂林、秦卫东、邓淑斌、柳艳舟、宋伟、刘涛、陈明、张建秋、张立恒、耿博、张国骁、刘琼、李甜和赵岩等 15 人；在读学生代表李少楠、柴森、沈君玲、韩瑞川、赵洋洋、郭艳茹、王超和靖镠用等 8 人；河南广播电视台的王红高级编辑作为特邀学者也参加了会议。此次线上会议上，我们讨论了本书的编撰出

① 郑展鹏教授自 2023 年 5 月担任河南大学经济学院执行院长、党委副书记。

版构想以及具体工作安排。令人感动的是，程怀儒老师因为疫情没有参加9月24日的研讨会，接到我线上会议的邀请后，他专门守在电脑前提前进入会场并全程参加了此次会议，对编撰出版工作提出了宝贵的意见。

整理与传播耿明斋教授经济思想是本书的宗旨。

事实上，在9月24日的研讨会召开之前，我们已经做好了如实记录研讨会全程的各项工作：中原经济发展研究院的耿静负责摄影摄像团队工作，全程记录研讨会，保证参会嘉宾每人留下1—2张正面照片；屈桂林师兄负责邀请省新闻单位对研讨会进行报道；张国骁师弟负责参会嘉宾的签到墙和签到簿名册整理工作；在读的师弟师妹们负责将嘉宾发言的语音整理成文字；柴森师弟负责研讨会的照片、文字的归类统筹工作……凡事预则立、不预则废，事实证明大家的所有这些努力都为本书的出版打下了了很扎实的基础。

关于本书的编撰出版宗旨，源于我一个苦思冥想的问题：作为耿明斋教授亲自指导过的研究生群体，我们这个群体存在的价值是什么？

耿明斋教授从研从教40余年，接受过他教育的学生的数量根本无法统计，因为他不但为河南大学的全日制本科生、研究生上过必修课和选修课，还为河南大学的函授生、自学考试学生以及在职研究生上过课，更为全国各地甚至国外的高校师生、政府官员和企事业单位人员做过讲座和培训。从他1993年作为导师独立培养硕士研究生开始到现在，所指导培养的硕士、博士研究生和博士后人员早已逾200人，最让人惊喜的是，无论这200多人现在身处何地，他们围绕着自己的导师已经慢慢在网上汇集成群并持续交流了一年半时间了。由于研究生教育是高等教育的重要组成部分，也是整个教育链的最高端，培养的是掌握本学科坚实的基础理论和系统的专业知识、具有高度创新能力和实践能力的高级专门人才，作为他培养过的研究生群体中的一员，我一直在思考，我们这个群体存在的价值是什么呢？

我个人认为这个问题非常有必要弄清楚，因为如果弄不清楚，就无法确定是什么因素使我们这200多人围绕一个焦点人物凝聚在一起，无法确定我们这个群体为什么要在第一本书和即将出版的这本书中留下这些文字，无法确定我们这个群体应该留下什么文字，最终无法确定我们这个群体社会活动的目标是否与自己的价值目标相一致。

本着导师对我们每一位研究生提出问题、解决问题思维方式的要求，我自己尝试性地进行了探索：为数不少的同学离开河南大学、离开耿明斋教授已经数十年了，如今自己的精神活动仍然能够被耿明斋教授凝聚在一起，直接原因是导师的传道授业解惑让自己敬佩、景仰、愉悦和受益，而深层次原因则是耿明斋教授的价值观征服了自己！因为只有价值观才能够支配每一个生命个体的具体行为！正是做一个有社会责任感的经济学人的价值观才让耿明斋教授具有如此强大的人格魅力！作为一位经济学家，耿明斋教授的价值观是通过传播经济学知识和经济思想潜移默化地影响学生的，因此，我认为传播耿明斋教授经济思想是我们这个研究生群体存在的价值！

整理与传播耿明斋教授经济思想则是我们这个研究生群体写作出版第一本书与本书的宗旨与目的！

大学是传播真理与创造知识的殿堂，老师是启迪我们思想的智者，每一个学生离开大学时带不走任何物质财富，只能带走老师传播给我们的知识与点燃我们求知的价值观！因此，我们这个研究生群体中的每一位成员在享受着来自老师精神财富的同时，也在自觉或不自觉地传播着老师的价值观。我本人自1995年离开河南大学经济研究所在华南地区工作和生活已经28年了，深深感受到了导师的价值观对自己的影响。在海南银海国际广告公司做职业经理人期间，公司董事长以及客户领导表扬我时经常说：虽然研究生很多，但研究生与研究生还是不一样啊！我在海南师范大学和广东金融学院讲课时经常对学生们讲；我自己能够在岭南大地上撒播经济学种子、传播导师的经济学精神，这是一件很幸福的事情！

因此，此次研讨会的举行只是我们整理与传播耿明斋教授经济思想长期活动中的一个阶段性活动的文字记录，我们以后还会举行其他活动，还会编撰出版第三本、第四本著作，目的都是为了更好地整理与传播耿明斋教授经济思想。

本书的书名是我们这个研究生群体集体讨论的结果。

鉴于种种原因，为保证研讨会能够顺利召开，经过大量的沟通协调工作，宋丙涛院长将研讨会的主题由“耿明斋教授经济思想研讨会”改为“区域经济高质量发展论坛暨耿明斋教授学术贡献研讨会”。但我们研究生群体认为此次研讨会只是我们在2022年举行的一次整理与传播耿明斋教授经济思想的活动，并且以后我们还会不定期地举行“耿明斋经济思想研讨会”，因此，本书没有局限于2022年9月24日当天会议流水账式的文字记录，而是以此次研讨会的召开为抓手，将会前、会中和会后所有重要的整理与传播耿明斋教授经济思想的活动都涵盖进来，让读者认识到此次研讨会只是耿明斋教授经济思想整理与传播工作的一次重要活动，通过社会对耿明斋教授学术贡献的高度认可和评价去关注和传播耿明斋教授在河南经济突破性发展的各个阶段和中国转型进程中提出的丰富经济观点、思想和政策主张。在 2022 年 11 月 19 日的编撰出版工作会议上，大家将本书的书名确定为《把论文写在中原大地上的经济学家——耿明斋教授经济思想研讨会纪事》。

本书的主要内容分为“瞬间纪实篇”“真知灼见篇”“场外声音篇”和“明斋观察篇”4 个部分。

“瞬间纪实篇”共收录了来自研讨会现场的 99 张照片。该部分主要展示研讨会期间摄像师按照我们的要求所拍摄的大量照片，既可以让读者对研讨会的举行和众多的参加者有最直观的认识和了解，又可以让参会的老师和同学们产生认同感。让我感动的是，耿老师的师兄、76 岁的赵学增教授在身体有恙的情况下提前一天来到会场，并叮嘱我处理细节问题；与耿老师一起在河南大学经济学院工作过的李庆春书记在会场上热情招待早年的毕业学生。需要说明的是，由于个别嘉宾和老师如时任河南大学经济学院副院长郑展鹏教授，一部分同学如邓淑斌、杨忠贤等忙于会议的组织工作，摄像师没有来得及拍照，本部分收录的并非所有参会人员的照片。

“真知灼见篇”共 29 篇文章，包含“贺信与致辞”“专家解读”“学生心声”和“主人公寄语”4 章内容。通过上午专家领导们的发言与下午座谈会上与会者的发言，来集中展示研讨会主题——耿明斋教授经济思想述评。发言者的文章都是按照“文章标题 + 作者 + 作者简介 + 注释”的格式进行处理，每篇文章都经过了发言者本人的检查、核实和确认，并征得了发言者本人同意收录书中才进行编排。

在整理本部分内容时，我深刻体会到了专家学者们的认真与严谨、同学们对导师的热爱，以及大家对耿明斋教授经济思想的认可。特别是河南大学党委书记卢克平教授在百忙之中迅速回复我的信息、耐心阅读我的《发言整理稿意见函》，并很快完成了文稿的修改审阅工作；王群博士、王永苏老师、郭军教授和王献立老师反复修改文稿，努力做到精益求精；刁柬教授不顾持续高烧，坚持一句一句地修改文稿。赵继增师兄为保证交稿时间，宁愿在繁重的工作之余熬夜修改；秦卫东师弟刚刚做完眼睛手术，听完我的要求后立即答应按时完成订正工作；宋良师弟除了为研讨会的召开忙前奔后之外，还在忙碌的工作之余快速修改文稿；付文阁、柳艳舟和周晔3位师弟为了能够顺利参会，不得不从北京提前好几天赶回来；张纪师弟在研讨会召开2个小时后驱车从洛阳赶过来参会，会后在核对自己的发言后，主动将自己2007年刚刚离开耿老师回到河南科技大学执教时写的一篇赞美师风师德的散文附在发言稿文后。

“场外声音篇”共4篇文章，包含“媒体报道”和“学者观点”2章内容。河南大学官网在研讨会召开的第2天、经济学院官网在研讨会召开的第3天分别刊登了新闻报道。河南广播电视台的王红高级编辑带领李姝奇、王博、高峰、杨强、刘晓峰、鲁焰和周畅等团队人员从研讨会召开的前一天就开始做准备工作，他们在会场上一方面听着嘉宾发言，一方面通过工作人员联系嘉宾在会场间隙马不停蹄地进行录音采访，并且在会后的5天当中不断地进行补访与编辑制作，终于在第6天于大象网上发表了一篇图文并茂、配音具有强烈冲击力的高质量新闻报道——《把论文写在中原大地上》。本部分收录的媒体报道，可以让读者了解河南大学对研讨会召开的肯定与高度评价、耿明斋教授经济思想在中原大地上产生的极大社会影响力。

于金富教授与张振立老师是我所熟悉的耿老师的2位挚友，在我们编辑出版第一本书时，耿老师反复强调不要给别人添麻烦，所以我就没有邀请2位老师撰文，当他们得知召开此次研讨会的消息时，主动贡献了2篇高质量文稿以补自己未能在第一本书中留下文字的遗憾。特别是于金富老师从沈阳提前一天赶到郑州参会，并在研讨会的上午和下午都作了热情洋溢的发言，让我联想到了自己读硕期间那个充满活力的辅导员老师和自己读博期间那个学术成果丰硕的专家学者。更让我感动的是，他在睡梦中接到我深夜打过去请他审阅发言稿的电话时，脱口而出地叫出了我的名字。本部分收录的2位专家学者的文章，可以让读者从不同角度去感受研讨会的重要价值以及耿明斋教授的人格魅力。

“明斋观察篇”共10篇文章，包含“文明探索”和“中原发展”2章内容。“明斋观察”是耿明斋教授2020年创建的个人微信公众号，主要发布耿明斋教授原创的学术研究性文章。从2020年4月15日发布第一篇文章《近代世界百年轮回的开端——三十年战争》开始，至2023年3月13日发布的《现有利益格局下实现农业现代化的可靠路径——南乐县土地托管经营调查》，耿明斋教授在“明斋观察”共发布了51篇共计30万字左右的原创文章。“中原经济”是由以耿明斋教授为核心的专家团队成立的河南中原经济发展研究院（Central China Development Research Institute）创建的公众号，主要发布研究院基于“研究问题、服务社会”基本理念下的研究动态与研究成果。

耿明斋教授在研讨会上作了题为《我愿意把70岁作为我人生新的起点》的演讲，主要内容分为感谢、祝贺与展望3个部分，最后他语重心长地对大家说：“我想说的是，人的生命在于运动，而知识分子的大脑在于思考。我们现在不求名，更不求利，倒是求自己把自己感到疑惑的问题通过读书、交流弄明白。如果我们更多的人都成了明白人，我们整个民族、整个社会就会不断进步!”他讲完这句话后，会场上响起了雷鸣般的掌声，因为“明斋观察”与“中原经济”是我们这个研究生群体最喜欢阅读的公众号，每当耿老师在“明斋观察”中更新自己最新学术思考的文字、研究院工作人员更新“明斋观察”的研究动态和研究成果时，总有同学第一时间将文章转发到我们研究生同学微信群，很多同学很快就将文章转发到自己的朋友圈。大家既被导师永不停止的学术追求所感动，同时又被这种生生不息探索真理的精神所鼓舞。秦卫东师弟在题为《既要传承学术思想，更要传承做人品质》的发言中感叹道：“今年是耿老师七十大寿，我想当耿老师八十、九十大寿再聚会时，我们可能就需要研究他的哲学思想了。前段时间我阅读他公众号的文章时发现他已经在研究文明的变迁了，很期待耿老师教给我们哲学方面的问题。”

因此，我们在“明斋观察篇”中收录的10篇文章仅仅是耿明斋教授近期的一些代表性研究成果，编入本书的目的是让读者了解到目前耿明斋教授仍然在孜孜不倦地进行理论研究，并一如既往地坚持以理论与现实相结合服务社会，为中原崛起、为中华民族伟大复兴洒下自己辛苦汗水和思想种子，同时激励和鼓舞更多的有志之士以大师为榜样，为我们整个民族、整个社会不断进步去奋斗。

本书的序由时任河南大学经济学院院长宋丙涛教授执笔完成。本次研讨会能够如期顺利召开，离不开宋丙涛教授的辛勤付出。鉴于种种原因，会议时间极有可能推后，作为会前、会中和会后重要活动的信息汇集者和决策者，宋丙涛教授排除各种困难和障碍，亲自带领副院长郑展鹏教授以及经济学院的其他领导成功组织了研讨会，并在线上同步进行网络直播，满足了当时囿于特殊时期无法参会的众多经济学科校友们的夙愿。

本书是集体智慧与劳动的结晶，虽然全体作者在前面“作者全阵容”中已经列出，并在文章的作者栏中一一标明，但联想到研讨会召开的实际情况，我们认为还是非常有必要在这里再次感谢作者们的辛苦努力。按照先后顺序，本书44篇文章的作者分别是：宋丙涛、王宇燕、卢克平、田歧立、王理、李庚香、王群、王永苏、程传兴、徐诺金、郭军、孙德中、刘荣增、于金富、李燕燕、王海杰、王献立、刁柬、陈广西、赵继增、秦卫东、付文阁、赵晔、郭兴方、周晔、宋良、宋伟、张纪、耿明斋、王红、张振立。

本书的出版得到了河南大学经济学院的大力支持，除了时任宋丙涛院长大力推动研讨会的召开并为本书撰写序之外，他还提出了本书框架的修改意见；时任经济学学院党委书记田歧立教授在收到我的《发言整理稿意见函》后立即回复我“大力支持出版工作”，并提供了很多有价值的会议资料；时任副院长郑展鹏教授从2022年3月开始就与我保持联系，7月中旬专程在经济学院办公室和我面谈会议举行的细节问题，提前2天就开始为布置会场、协调会议日程安排、安排嘉宾食宿等工作奔波不停，令人感动的是，在研讨会当天他一直默默无闻地守候在会场外面，随时等待解决各种问题，连一张正面照片都没有留下。为此，我们衷心感谢河南大学经济学院为研讨会的举行而付出努力的领导和老师们！

如同第一本书一样，本书在筹备、编辑和出版过程中，得到了很多师弟师妹们的大力支持，特别是在读博士生柴森带着6位在读硕士生沈君玲、韩瑞川、赵洋洋、王超、郭艳茹和靖镠用，勤勤恳恳地按照要求做了大量繁杂的具体工作：认真布置和守候研讨会的2个会场；任劳任怨地接送、招待和服务参会嘉宾；一字一句地将嘉宾发言从语音转成文字；在最短的时间内校对每一篇文稿……让人感动的是，为了能够让读三年级的柴森、沈君玲、韩瑞川、赵洋洋、王超等同学有足够的时间撰写毕业论文完成学业，刚刚毕业的博士张国骁师弟主动承担了做我助手的工作，他在处理中原经济发展研究院繁忙的工作之余，带领一起追随耿明斋教授的李甜和赵岩2位师妹熬更守夜地完成我布置的工作。此外，新近毕业的博士刘琼师妹像前次一样依旧参与了本书出版的各种具体工作。这些同学的辛苦付出，既体现出对导师的热爱，又彰显了我们这个研究生群体同门之间的无私与宽厚，感谢他们为本书的顺利出版做出的巨大贡献。

感谢中国经济出版社对本书以及上一本书出版工作的大力支持，特别是责任编辑贺静女士在书稿的编校与沟通工作中一直秉持换位思考的原则，尽最大努力满足我们这个研究生群体对导师尊敬与热爱的心愿，在图片处理以及书稿的编排等工作上给予了很大帮助。

与第一本书一样，我认为我本人再一次做了自己应该做而且必须要做的工作。我时刻提醒自己代表的是我们这个令导师骄傲的研究生群体，我们做的工作不仅仅是回报师恩、回报经济学院、回报河南大学，我们要秉承导师“做一个有社会责任感的经济学人”的价值观去回报这个社会、回报这个时代！

但是由于学术水平和沟通能力的不足，本书的编写有很多不妥和错误之处，希望读者原谅并及时指出，以便本书再版时修订。

值本书出版之际，我感觉还有千言万语没有表达出来，在此，我想用自己在研讨会当天的茶话交流会上的总结词来结尾：“大家现在看看表是几点？17：41，离我去年接到柴森师弟的电话只差一个小时。让我很幸福地宣布：我们今天很享受、很兴奋，也很真实地度过了我们期盼已久的河南大学110周年校庆、耿明斋教授经济思想研讨会、耿明斋教授70岁华诞庆典！让我们再次热烈鼓掌！像宋丙涛教授给我们这个群体建议的那样，我们的工作还没有停止，我们希望耿老师健康长寿！我们期待在下一次带有高端学术性建设成果的耿明斋经济思想研讨会上再相聚！”

感恩启迪我们这个研究生群体思想的智者！

感恩培养我们这个研究生群体的河南大学！

祝愿我们的祖国繁荣昌盛！

王　理

2023年5月5日